ochen Müssig

Mittelfranken

MIT NÜRNBERG UND ROTHENBURG OB DER TAUBER

50

MIKROABENTEUER

ZUM ENTDECKEN UND GENIESSEN

360° medien

IMPRESSUM

Mittelfranken – Mit Nürnberg und Rothenburg ob der Tauber

50 MIKROABENTEUER ZUM ENTDECKEN UND GENIESSEN

Jochen Müssig

Nachtigallenweg 1 I 40822 Mettmann
360grad-medien.de

Redaktion und Lektorat: Christine Walter

Satz und Layout: Elke Gräfe

Gedruckt und gebunden:
Himmer GmbH Druckerei & Verlag I Steinerne Furt 95 I 86167 Augsburg
www.himmer.de

Bildnachweis: siehe Seite 288

ISBN: 978-3-96855-323-8
Hergestellt in Deutschland

360grad-medien.de

Vorwort

„Wou Hasen Hoosn und Hosen Huusn haaßn" ist ein mittelfränkischer Zungenbrecher, der sagen soll: Bei uns ist alles ein klein bisschen anders. So gilt: „Ich soch ned sou und ich sach ned sou, dann kann koina sochen, ich hätt sou gsocht." Soll heißen: Ich halte mich mit (Vor-) Urteilen gerne zurück.

Ich erinnere mich an Wochenendausflüge nach Adelsdorf im Aischgrund. Es ging hoch her. Wir waren alle Kollegstüfler vom Pirckheimer-Gymnasium in Nürnberg, zum Teil schon 18 Jahre alt. Bei reichlich Bier und noch mehr Rauch ging es um alles Mögliche, auch um Ansätze wie „Vom sozialen Denken zum sozialen Handeln". Rausgekommen ist nichts: „Ich soch ned sou und ich sach ned sou ..." Toll war's trotzdem, auch wenn der Schädel am nächsten Mittag gebrummt hat. An ein Aufstehen vor zwölf Uhr war nicht zu denken.

Mittelfranken unterscheidet sich hauptsächlich von Unter- und Oberfranken, dass es vielerorts städtischer zugeht. Natürlich gibt es auch die verschlafenen Dörfchen und wunderbare Naturlandschaften, ob nun die Fränkische Schweiz oder den Franken übergreifenden Steigerwald. Doch der Großraum Nürnberg prägt schon einen gehörigen Teil Mittelfrankens, sichtbar am etwas aufgeblasenen Begriff Metropolregion Nürnberg. 23 Landkreise und elf kreisfreie Städte arbeiten da im Verbund mit der Wirtschaft zusammen. 57 (Ober-)Bürgermeister und Landräte verantworten die Region – in Zusammenarbeit mit 400 Vertretern aus Wirtschaft, Wissenschaft und Kultur. Unweigerlich ergibt sich daraus eine Konkurrenzsituation zum wirtschaftlich noch stärkeren München und Oberbayern. „Das Fränkische" gegen „Das Bayerische" führt unweigerlich zu einem Nord-Süd-Gefälle. „1. FC Nürnberg oder FC Bayern München", „Bratwurst oder Weißwurst" – das sind Glaubensfragen im gläubigen Freistaat. Die Münchner sagen dann gerne hochnäsig „Mir san mir". Der „Nembercher" antwortet mit einem großzügigen „Basst scho!"

Die Recherche zu diesem Buch war eine wunderschöne Reise in meine Vergangenheit. Ich bin zwar im unterfränkischen Würzburg geboren – Allmächd! –, habe aber in Nürnberg das Abitur gemacht. Eine schöne Zeit! Da soch ich scho, dass sou is ...

Jochen Müssig

Schloss Sommersdorf

Inhaltsverzeichnis

Plönlein, Rothenburg ob der Tauber

Hinweis: Aus Gründen der besseren Lesbarkeit wird auf eine geschlechtsneutrale Differenzierung verzichtet. Entsprechende Begriffe gelten im Sinne der Gleichbehandlung grundsätzlich für alle Geschlechter. Die verkürzte Sprachform beinhaltet keine Wertung.

Willkommen in Mittelfranken

Allmächd! Wir sind Weltklasse!

Mittelfranken gilt unter den drei fränkischen Regierungsbezirken in Bayern als der städtischste, was an der Metropolregion Nürnberg liegt. Allein im Ballungsgebiet Nürnberg, Fürth, Erlangen leben schließlich rund eine Million Menschen, in ganz Mittelfranken nur knapp 1,8 Millionen. Nicht verwunderlich, dass deshalb weniger die Landschaft typisch für Mittelfranken ist, als vielmehr die Stadt- und Ortsbilder.

Was die Mittelfranken ausmacht

Wendig und witzig, aber auch zurückhaltend, mitunter sogar bescheiden: So sehen sich die Mittelfranken nach einer Umfrage, die der „Bayerische Rundfunk" in Auftrag gegeben hat. Das gilt allerdings nicht, wenn es um die Nürnberger Rostbratwurst und die Lebkuchen geht: Da is' nix mehr mit bescheiden: Allmächd! Da haben sie Weltklasse!

Weiher bei Höchstadt

Eine gute Lebensqualität schreiben sie sich auch ganz unbescheiden zu. Wen wundert's: Gastlichkeit wird groß geschrieben, der Freizeitwert der Region ist hoch und die Work-Life-Balance scheint zu stimmen. Das sagen die gebürtigen Mittelfranken wie auch das Drittel Einwohner, das aus anderen Regionen Bayerns, Deutschlands oder der Welt stammt. Das macht den Mittelfranken sympathisch: Wer seine Region liebt, dort gut lebt, ist mit sich im Reinen. Die Infrastruktur ist gut, Arbeitsplätze genug vorhanden „und typisch Franken ist schon auch unsere Vielfalt", sagt der fränkische Ministerpräsident von Bayern, Markus Söder, ein waschechter „Nembercher".

Historie: Wie die Franken Bayern wurden

Stück für Stück wurde Mittelfranken, wie ganz Franken, in das damalige Königreich Bayern eingegliedert. Bayern stellte sich 1805 auf die Seite Napoleons, der Preußen mit seinen Truppen verheerende Niederlagen beibrachte, was zum Zusammenbruch Preußens im Krieg gegen Napoleon führte und das Ende der fränkischen Herrschaftsgebiete besiegelte, da Franken an Preußens Seite stand.

König Ludwig I. gelang es, Bayern und Franken zwar etwas näher zu bringen, indem er auf die Erhaltung regionaler Traditionen und Eigenarten setzte. Trotzdem kämpften und kämpfen die Franken seitdem und immer noch für mehr Unabhängigkeit und ein stärkeres politisches Gewicht im heutigen Freistaat Bayern. Die Bestrebungen, ein neues Bundesland Franken zu gründen, haben allerdings schon länger an Fahrt verloren. Nürnberg hat akzeptiert, dass Ansbach mittelfränkische Hauptstadt wurde und wohl auch, dass es nichts wird mit dem Bundesland Franken und einer Hauptstadt Nürnberg.

Politik: Schwarz ist Trumpf

Mittelfranken wählt schwarz. Bei der letzten Bundestagswahl 2021 kam die CSU im Durchschnitt auf rund 30, die SPD auf etwa 20 und die Grünen auf 15 Prozent, mit Ausnahme von der Universitätsstadt Erlangen, wo 20 Prozent erreicht wurden, und in ganz Mittelfranken sogar 21 Prozent bei der Europawahl 2019. Die FDP pegelt sich mit neun Prozent über Bundesniveau ein. Die Linke spielt mit drei Prozent praktisch keine Rolle, die AfD hingegen kommt auf beachtliche acht Prozent.

Wirtschaft: Der Branchenmix macht‘s

Mittelfranken gehört mit 1,8 Millionen Einwohnern und einem Bruttoinlandsprodukt von rund 55 Milliarden Euro zu den zehn großen Wirtschaftsregionen Deutschlands. Allein in der Metropolregion Nürnberg arbeiten 23 Landkreise und elf kreisfreie Städte zusammen. Das große Plus der Region ist der zukunftsträchtige

Branchenmix von Industrie und Dienstleistung, Handel und Verkehr. Mittelfranken war schon im Mittelalter für regen Handel und die internationale Orientierung seiner Kaufleute bekannt. Heute spiegelt sich diese Tradition in einer überdurchschnittlichen Exportquote von 42 Prozent wider. Grund dafür sind die mehr als 120.000 innovationsfreudigen Klein- und Mittelbetriebe. Und die Großen wie „Siemens", „Schaeffler". „MAN", „Continental", „Bosch" oder „adidas", früher auch „Grundig" und „Quelle", stehen mit ihren Standorten in Mittelfranken an bundesweiten Spitzenpositionen mit jeweils Tausenden von Mitarbeitern. Auch die „Bundesagentur für Arbeit" hat ihren Sitz in Nürnberg.

Schafe bei Burgbernheim

Weltkultur: Wo bleibt die Kaiserburg?

Gäbe es den Limes nicht, hätte Mittelfranken keine Weltkulturerbestätte. Freilich wundern sich viele, warum die Nürnberger Kaiserburg nicht auf der Liste steht und die Rothenburger oder auch die Dinkelsbühler Altstadt. Solch bestens erhaltene und geschlossene Ortskerne gibt es noch einige mehr, dazu kommen Schlösser und Burgen in häufig sehr gutem Zustand, ob in Ansbach oder Lauf, Cadolzburg oder eben Nürnberg. Aber am typischsten sind in den Städtchen und Dörfern die sehenswerten, zum Teil mächtigen Fachwerkbauten, unter denen das Mühlreisighaus in Spalt im Wortsinn herausragt. Das barocke Erlanger Theater kann optisch sogar mit Bayreuth in Oberfranken mithalten, die Nürnberger Symphoniker treten auch international auf, wie auch Rock im Park seine Fans über die Landesgrenzen hinaus hat.

Gastronomie: Sterneküche und Landgasthof

In Nürnberg leuchten die Sterne besonders hell: Mit zwei Zwei-Sterne- und fünf Ein-Stern-Restaurants bedachte der „Guide

Michelin" die mittelfränkische Metropole. Nur München hat mehr besternte Restaurants in Bayern. Aber es sind nicht nur die Sterne, die glänzen, sondern vor allem auch die Landgasthöfe und Wirtsstuben, in denen authentisch regional und oft auch saisonal gekocht wird, also so, wie man es von einer modernen Küche erwartet. Zwar sind die Speisekarten häufig fränkisch-fleischlastig und der eine oder andere Wirt könnte außer Salat noch vegetarische Alternativen anbieten, doch finden tun alle was. Auch die Kleinen: „Kloß mit Soß, so wern die Kinner groß", heißt es auch in Mittelfranken.

Die Nürnberger Rostbratwürste sind, über Buchenholz gegrillt, schlicht die besten. Schäufele, Aischgrund-Karpfen oder Altmühltaler Lamm sind Spezialitäten, wie sie anderswo kaum zu finden sind. Und Nürnberg kann von sich behaupten, dass das erste thailändische Restaurant in Deutschland an der Pegnitz eröffnete wurde: 1972 war es, also vor mehr als 50 Jahren, das „Io & On", benannt nach Küchenchefin Io Harirak und Schwester On (siehe Kapitel 15).

Info

Auskunft: *www.regierung.mittelfranken.bayern.de*

Einwohner: 1,8 Millionen leben auf 7200 Quadratkilometern. 54 Prozent sind Protestanten, 36 Prozent Katholiken.

Hauptstadt: Ansbach

Lage: Mittelfranken grenzt an alle bayerischen Regierungsbezirke (bis auf Niederbayern) sowie im Westen an Baden-Württemberg.

Kultur: Der Maler Albrecht Dürer, der Meistersinger Hans Sachs und Martin Behaim, der den ältesten erhaltenen Globus erschuf, gehören zu den herausragenden Kulturschaffenden Mittelfrankens.

Top 10

DER SEHENSWÜRDIGKEITEN IN MITTELFRANKEN

1 **Nürnberg, Kaiserburg:** Die Nürnberger Burg gehört zu den besterhaltenen Anlagen ihrer Art in Europa. Mächtig thront der Liebling der deutschen Kaiser seit mehr als tausend Jahren über der Stadt: Schon die eindrucksvolle Silhouette der Kaiserburg symbolisiert die Macht und Bedeutung des Heiligen Römischen Reichs Deutscher Nation und die herausragende Rolle der Reichsstadt Nürnberg. Der legendäre Kaiser Friedrich I., genannt Barbarossa, regierte als erster Kaiser von der Burg. Und Nürnberg steht noch immer im Zeichen dieser Burg, in der eine der schönsten Jugendherbergen Deutschlands untergebracht ist.
kaiserburg-nuernberg.de

2 **Rothenburg, Altstadt:** Das Altstadtensemble, vorwiegend aus dem 12. bis 14. Jahrhundert, mit fast vollständig erhaltener und zum Großteil begehbarer Stadtmauer sowie mit 40 Türmen und 700 Denkmal geschützten Gebäuden, ist für viele Besucher das Idealbild einer mittelalterlichen Stadt. Zwei Millionen Besucher drängen sich jährlich durch die Gassen. Zwei Millionen in einem Ort mit nicht einmal 11.000 Einwohnern. Die Hälfte der Besucher kommt aus dem Ausland. Das bedeutet

Platz drei auf der Liste der hundert beliebtesten Sehenswürdigkeiten für ausländische Touristen in Deutschland. *tourismus.rothenburg.de*

3

Dinkelsbühl, Altstadt: Die Turmparade von Dinkelsbühl erinnert an die Skyline des Mittelalters in San Gimignano in der Toskana und die mauerbewehrte Altstadt mit engen Gassen und weiten Plätzen, Wassergräben und Weihern geben einer der am besten erhaltenen mittelalterlichen Städte Deutschlands authentisches Flair. Das Städtchen ist kein Freilichtmuseum, keine Kulisse, sondern bietet lebendige Gegenwart gepaart mit alter Geschichte und Bausubstanz: den verschachtelten Gässchen, windschiefen Fachwerkhäusern, der mächtigen Stadtmauer und den mittelalterlichen Türmen. *tourismus-dinkelsbuehl.de*

4 **Spalt, Mühlreisighaus:** Wer es zum ersten Mal sieht, glaubt seinen Augen nicht: Das Mühlreisighaus in Spalt ist sicherlich das schönste Hopfenbauernhaus in Deutschland und gleichzeitig wahrscheinlich auch der hübscheste und mächtigste Fachwerkbau. Die hochgezogene Architektur ist geprägt von den gebrochenen Steilsatteldächern und den mächtigen Fachwerkgiebeln. Da der Hopfenbau große Dachvolumen zum Trocknen und Lagern erforderte, besitzt dieses Hopfenhaus sogar sechs Dachgeschosse. Es wurde 1746 fertiggestellt und steht als Top 4 stellvertretend für die vielen wunderbaren Fachwerkbauten in Mittelfranken. *spalt.de*

5 **Erlangen, Markgrafentheater:** Süddeutschlands letzte bespielte Barockbühne ist das Erlanger Markgrafentheater. Von außen völlig unspektakulär, zeigt es sich innen als ein Juwel mit drei Rängen, Baldachin, Bordüren, Fresken und weinroter Bestuhlung: 1719 eingeweiht und schon 1743 komplett umgestaltet durch den berühmten italienischen Theaterarchitekten Paolo Gaspari im Auftrag der Markgräfin Wilhelmine. 1957 kam es zur Diskussion über einen möglichen Abriss des Theaters, der Stadtrat stimmt jedoch für den Erhalt: Das wunderschöne Theater konnte fortbestehen. *theater-erlangen.de*

6 **Schwabach, die Goldschlägerstadt:** 14.000 Blatt Gold machten aus dem Sitzungssaal im Rathaus den Goldenen Saal. Das Gold für die tausend Rathausziegel finanzierten die Schwabacher Bürger über 2000 Anteile. Obwohl schon 20 Jahre alt, glänzen die Türmchen auch bei Schlechtwetter: ein eindeutiges Indiz, das handgeschlagenes Schwabacher Blattgold verwendet wurde und nicht industriell gefertigtes aus China. Das bröselt häufig schon nach zwei, drei Jahren ab und hat sichtbar weniger Glanz. In Schwabach ist Blattgold allgegenwärtig und noch heute wird in zwei Betrieben Gold geschlagen. *schwabach.de*

7 **Steigerwald:** Der Steigerwald ist ein Alleskönner. Seine Gerüche können betörend sein, seine Ruhe so wohltuend und seine tausende Grüntöne sind faszinierend. Der Scheinberg ist mit 499 Metern die höchste Erhebung und Laubwald macht zu 70 Prozent den Bestand aus. Wildschweine, Rehe und eine artenreiche Vogelwelt bevorzugen die Buchenwälder als Lebensraum. Besonders Spechte zimmern in die uralten Baumriesen lautstark ihre Höhlen. Und ein Ruf wird immer hörbarer: Bayern soll nach Berchtesgaden und dem Bayerischen Wald einen dritten Nationalpark bekommen: den Steigerwald.
steigerwald-naturpark.de

8

Fürth, die Denkmalstadt: Eine Stadtmauer hatte Fürth nie, besitzt aber 2000 Baudenkmäler. Das bedeutet die höchste Denkmaldichte von Profanbauten in Original-Bauweise in Bayern. Der architektonische Bogen reicht von den Altstadthäusern, die nach dem Dreißigjährigen Krieg erbaut wurden, bis Jugendstil und Gründerzeit. In der Gustavstraße, die Kneipenmeile der Stadt, gleicht kein Haus dem anderen. Jugendstil- und Gründerzeitgebäude findet man auf der Prachtstraße Hornschuchpromenade, Schieferhäuser in der Königstraße und das vielleicht schönste Haus ist das prachtvolle Stadttheater.
tourismus-fuerth.de

9

Fürth, Ludwig Erhard Zentrum: Erinnern wir uns: Ludwig Erhard, Wohlstand für alle, Marktwirtschaft, Wirtschaftswunder. Die Bundesrepublik Deutschland verdankt dem Vater des deutschen Wirtschaftswunders aufgrund dessen Konzepts zur Sozialen Marktwirtschaft bis heute Erfolg und Wohlstand. Der in Fürth geborene Erhard war der wohl wichtigste Wirtschaftsminister, den Deutschland je hatte, und

danach als Nachfolger von Konrad Adenauer der zweite Bundeskanzler. Grund genug ihm ein tolles Museum zu widmen. Ein Besuch ist so interessant wie unterhaltsam und eine spannende Zeitreise. *ludwig-erhard-zentrum.de*

10 **Nürnberg, Reichsparteitagsgelände:** Die Kulisse ist mächtig: das Reichsparteitagsgelände mit der für 50.000 Menschen konzipierten Kongresshalle, dem größten erhaltenen nationalsozialistischen Monumentalbau in Deutschland, und das Zeppelinfeld, das Aufmarschgelände der Nazis. Aber ist zu Hitler und dem Dritten Reich, der Nazi-Herrschaft, dem Zweiten Weltkrieg und dessen Folgen nicht alles schon gesagt? Ja. Und nein. Denn die junge Generation darf diesen schrecklichen Teil der deutschen Geschichte nicht einfach abhaken wie den vergessenen Dreißigjährigen Krieg. Das Dokumentationszentrum hilft dabei enorm.
museen.nuernberg.de/dokuzentrum

Kurioses und Besonderheiten

AUS MITTELFRANKEN

Dinkelsbühl: Es werde Licht

Das Witzigste in Dinkelsbühl ist ein kleiner Automat an der Schranne: Ein paar Euro muss man einwerfen. Dafür strahlen Scheinwerfer die Sehenswürdigkeiten der Stadt an: Es werde Licht! Ganz persönlich und dennoch für alle. Ein bisschen wie Weihnachten – jeden Abend ab 22:30 Uhr.
tourismus-dinkelsbuehl.de

Georgensgmünd: das Bratwursthotel

Andernorts hängt der Himmel voller Geigen, in Georgensgmünd bei Roth schauen Bratwürste von den Tapeten und der Decke herab. Alle sieben Hotelzimmer sind thematisch rund um die Bratwurst ausgeschmückt. Es gibt eine eigene Metzgerei und ein Wurstaurant, weil jedes Gericht mit Bratwurst zu tun hat, von Bratwurstsuppe über Zwiebelrostbratwurst bis Schokoladenbratwurst. *bratwursthotel.de*

Bad Windsheim: wie im Toten Meer

Das Windsheimer Tote Meer ist das Sole-Highlight der dortigen Franken-Therme: Ein ganzjährig beheizter Salzsee, mit hochkonzentrierten 26,9 Prozent Salzgehalt, der ein Schwebe-Erlebnis wie im Toten Meer ermöglicht. Der Salzsee, die Thermal-Badehallen und die Sauna-Landschaft suchen ihresgleichen in Mittelfranken. *franken-therme.net*

Greding: Knochen über Knochen

Im Beinhaus der Michaelskapelle wird es bizarr: 2500 Schädel sind akkurat aufgereiht! Es wurde wohl aus Platzmangel innerhalb des ummauerten Friedhofs im 14. Jahrhundert eingerichtet. Der Gredinger Seelenkeller gehört zu den größten Beinhäusern in Bayern. Echt gruselig! *greding.de*

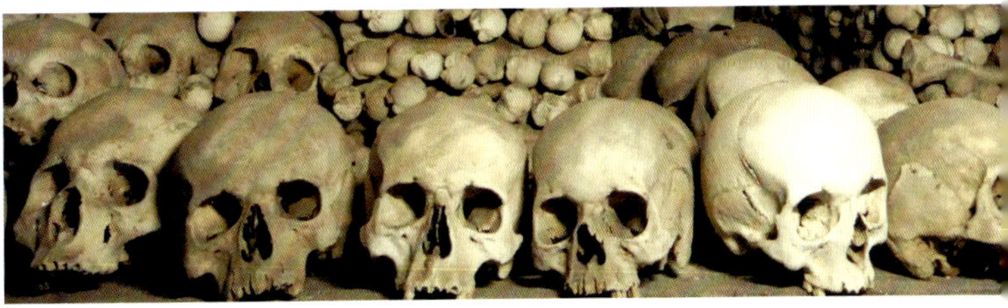

Pappenheim und die Pappenheimer ...

Friedrich Schiller machte Gottfried Heinrich von Pappenheim und sein Regiment durch seine „Wallenstein"-Trilogie bekannt: Als die Pappenheimer zweifelten, ob sie Wallenstein noch vertrauen könnten, antwortete dieser im Drama: „Daran erkenn´ ich meine Pappenheimer". Wallenstein sprach den Soldaten damit seine Anerkennung für ihre Treue aus, im heutigen Sinne von: Wissen, woran man mit bestimmten Leuten ist und ihre Eigenheiten, besonders ihre Schwächen kennen. *pappenheim.de*

Fürth: „Stairway to Heaven"

Jeden Tag, 12.04 Uhr, schallt es vom Rathausturm: das Glockenspiel mit Led Zeppelins „Stairway to Heaven". „Die Melodie habe ich ohne Rücksprache mit den Herrn im Rathaus eingespeist", erzählt Musiker Alexander Mayer, der für die Stadt das Glockenspiel kaufte und jeden Tag seine Fürther eine Minute und sieben Sekunden lang mit „Stairway to Heaven" erfreut. „Der Stadtrat hat's geschluckt ...", die Fürther lieben es und die Besucher staunen ...
tourismus-fuerth.de

Neustadt: der Geißbock-Tanz

Eine Sage erinnert an einen Schneider, der als Geißbock verkleidet während einer Belagerung den drohenden Hungertod abgewendet hat. Gar nicht mager tollte er vor den Feinden auf der Stadtmauer herum, bis diese glaubten: Wenn der Geißbock so wohlgenährt ist, dann sind es auch die Bewohner und sie traten den Rückzug an. Deshalb beginnt der Geißbock auf dem Rathausturm Schlag zwölf Uhr meckernd seine Runden zu drehen. *neustadt-aisch.de*

Herzogenaurach: die zwei Brüder

Herzogenaurach und „adidas" gehören zusammen wie Topf und Deckel. Die heutige Weltmarke entstand, nachdem sich die Brüder Adolf, genannt Adi, und Rudolf Dassler zerstritten hatten. Adi gründete 1948 „adidas", Bruder Rudi „Puma". Beide hatten schon vor dem Zweiten Weltkrieg eine gemeinsame Schuhfabrik, ehe sie getrennte Wege gingen und im Sportbereich zwei Weltkonzerne aufbauten. *adidas.de, puma.com*

Lichtenau: die Fränkische Bibel

Ein Gesangbuch auf Fränkisch gibt es bereits, nun soll auch die Bibel folgen. Eine Mammutaufgabe! Das Projekt von Pfarrer Claus Ebeling aus Lichtenau bedeutet um die 1200 Seiten und viele komplexe Texte zu übersetzen. Während der Arbeit sei aufgefallen, dass es gar nicht für jeden Mundart-Bereich Korrektoren gebe. Die Freiwilligen stammen aus allen fränkischen Regionen und sprechen alle ein anderes Fränkisch … *markt-lichtenau.de*

Wolframs-Eschenbach: die Namensänderung

Das Grabmahl des „Parzival"-Dichters soll ausgesprochen repräsentativ gewesen sein und die Inschrift getragen haben: „Hie ligt der Streng Ritter herr Wolffram von Eschenbach ein Meister Singer". Irgendwann wollten die Eschenbacher aus Respekt ihren Stadtnamen ändern und bekamen 1917 die Erlaubnis vom bayerischen König Ludwig III., sich von nun an Wolframs-Eschenbach nennen zu dürfen. *wolframs-eschenbach.de*

SCHWEDEN
DÄNEMARK
Ostsee
Nordsee
Kiel
SCHLESWIG-
HOLSTEIN
MECKLENBURG-
VORPOMMERN
HAMBURG
Schwerin
BREMEN
BRANDENBURG
POLEN
NIEDERSACHSEN
BERLIN
Hannover
Potsdam
Magdeburg
NORDRHEIN-
WESTFALEN
SACHSEN-
ANHALT
Düsseldorf
SACHSEN
Dresden
Erfurt
HESSEN
THÜRINGEN
RHEINLAND-
PFALZ
Wiesbaden
Mainz
UNTERFRANKEN
OBERFRANKEN
TSCHECHIEN
MITTELFRANKEN
SAARLAND
Stuttgart
FRANKREICH
BAYERN
BADEN-
WÜRTTEMBERG
München
SCHWEIZ
ÖSTERREICH

Ebern
Kulmbach
Schweinfurt
Haßfurt
Arnstein
MAIN
Scheßlitz
Hollfeld
Bayreuth
Bamberg
BAYERN
Volkach
Hirschaid
Ebermannstadt
Pegnitz
3
Schlüsselfeld
Kitzingen
73
Höchstadt an der Aisch
Scheinfeld
Ochsenfurt
Erlangen
Neustadt an der Aisch
Herzogenaurach
Eckental
9
Uffenheim
Bad Windsheim
7
3
Fürth
Lauf an der Pegnitz
Langenzenn
Nürnberg
Rothenburg
ob der Tauber
3
Heilsbronn
Schwabach
Neumarkt in
der Oberpfalz
Schrozberg
Ansbach
Schillingsfürst
6
Roth
ALTMÜHL
Hilpoltstein
Crailsheim
Feuchtwangen
Gunzenhausen
Thalmässing
Dinkelsbühl
Beilngries
WÖRNITZ
ALTMÜHL
Weißenburg in Bayern
Ellwangen (Jagst)
7
Eichstätt
Wemding
9
Bopfingen
Nördlingen
Aalen
Gaimersheim
BADEN-
WÜRTTEMBERG
Donauwörth
Heidenheim
an der Brenz
Rain
Giengen an der Brenz
Wertingen
Pöttmes
Schrobenhausen

Ansbach

Rokoko-Fest in Ansbach

Ansbach

1. Ansbach: Kaspar Hausers Grab
2. Schloss Ansbach: Spieglein, Spieglein …
3. Rund um Ansbach: Geräuchertes, Schnabler und Oldtimer
4. Frankenhöhe: die unbekannte Schöne
5. Rothenburg ob der Tauber: Real? Surreal? Romantisch?
6. Feuchtwangen: Wenn ein Kaiser Durst hat …
7. Dinkelsbühl: Es werde Licht!
8. Limes: überall und nirgends
9. Wolframs-Eschenbach: Schöpfer des Parzival

Weisendorf
Sugenheim
EHEBACH
Ippesheim
Markt Nordheim
Neustadt an der Aisch
Herzogenaurach
Uffenheim
Markt Emskirchen
Simmershofen
Ergersheim
Veitsbronn
Bad Windsheim
Markt Erlbach
ZENN
7
BAYERN
Obernzenn
Cadolzburg
Burgbernheim
4
5
Flachslanden
Dietenhofen
3
Roßtal
Frankenhöhe
Rothenburg o. d. T.
Neusitz
Colmberg
2
Rohr
1
Heilsbronn
3
3
6
Neuendettelsau
Schillingsfürst
Leutershausen
Ansbach
3
Lichtenau
9
Aurach
6
Burgoberbach
Windsbach
Vehlberg
Herrieden
Wolframs-Eschenbach
6
Schnelldorf
Haundorf
Feuchtwangen
WIESETH
ALTMÜHLSEE
Arberg
Waldtann
Dentlein am Forst
Dürrwangen
Gunzenhausen
Pfofeld
7
Ehingen
8
7
Dittenheim
ALTMÜHL
Dinkelsbühl
Ruffenhofen
Wassertrüdingen
Heidenheim
Ellenberg
Wilburgstetten
Stödtlen
Fremdingen
Ellwangen (Jagst)
Unterschneidheim
Oettingen in Bayern
BADEN-WÜRTTEMBERG
Polsingen
Wallerstein
JAGST
Wemding
Bopfingen
Deiningen
Nördlingen

1 Ansbach

KASPAR HAUSERS GRAB

Anschba, so sprechen die Einheimischen ihre Stadt aus, ist die Regierungshauptstadt von Mittelfranken mit rund 40.000 Einwohnern, ist Residenz-, aber auch Kaspar-Hauser-Stadt und glänzt im fränkischen Rokoko. Eine Mittelstadt, in der man gut leben kann und in der man sich freut, dass nicht das viel größere und wichtigere Nürnberg Hauptstadt wurde.

„Hier ruht Kaspar Hauser, ein Rätsel seiner Zeit, unbekannt die Geburt, geheimnisvoll die Umstände seines Todes." So steht es auf Kaspar Hausers Grabstein auf dem Stadtfriedhof von Ansbach geschrieben. Das Kind von Europa lebte von 1830 bis zu seinem Tod 1833 in Ansbach. Ein paar Jahre zuvor tauchte er an einem Pfingstmontag in Nürnberg (siehe Tipp 10) erstmals auf: damals ungefähr 16 Jahre alt, geistig zurückgeblieben, kaum artikulationsfähig, verwahrlost. Laut späteren Aussagen, sei er, solange er denken könne, bei Wasser und Brot allein in einem dunklen Raum gefangen gehalten worden. Der Zufall brachte ihn nach Ansbach, wo er bei einem Lehrer unterkam. Anselm von Feuerbach, damals der höchste Richter Mittelfrankens, stellte den Knaben unter seinen persönlichen Schutz. Er wurde zu Kaspars Ziehvater und obwohl ihn dieser bedeutende Jurist beschützte, wurde er in einer Winternacht 1833 im Hofgarten niedergestochen. Ein Denkmal erinnert an die Tat: „Hier wurde ein Unbekannter von einem Unbekannten ermordet", lautet, übersetzt aus dem Lateinischen, der Satz auf der Steinsäule.

In der Büttenstraße

Gerüchte besagten, der kleine Kaspar sei der 1812 geborene Erbprinz von Baden, den man als Säugling getauscht habe, um eine andere Thronfolge einzuleiten. Und als der vermeintliche Erbprinz wieder auftauchte, musste er sterben ... Eine Genanalyse von 1996, von der Stadt Ansbach in Auftrag gegeben, widerlegt allerdings diese Annahme. Auch die Stichwunde, die zu seinem Tod führte, erwies sich wohl – gemäß kriminalwissenschaftlichen Untersuchungen – als Selbstverletzung des jungen Kaspar, was eine Fremdeinwirkung ausschließen würde. Wegen dieser Ungereimtheiten rückte Ansbach immer wieder ins Licht der Öffentlichkeit: Eine mysteriöse (Kriminal-)Geschichte um ein tragisches Opfer lässt eben Platz für allerlei Spekulationen ... Ein Denkmal in der Altstadt, der Gedenkstein am Ort seiner Ermordung im Hofgarten, eine komplette Abteilung im Markgrafenmuseum, die Kaspar-Hauser-Festspiele und sein Grab erinnern an das Schicksal von Hauser.

Freilich hat Ansbach auch eine heitere Seite und die erlebt man zum Beispiel in der Uzstraße mit Blick aufs Herrieder Tor, dem Wahrzeichen der Stadt. Die Leute blinzeln in die Sonne, lassen sich einen Kaffee schmecken und vielleicht ein Stückchen Kuchen dazu. Seh- und Riech-Erlebnisse gibt es auch auf der Ansbacher Reitbahn: Da galoppieren zwar keine Pferde, aber der belebte und beliebte Wochenmarkt sorgt für ähnlich viel Auftrieb. Er findet zweimal pro Woche mit rund 30 Händlern statt, die neben regionalem Obst und Gemüse, Fleisch- und Backwaren, Fisch, Eier, Nudeln sowie Käsespezialitäten anbieten. Seit 2003 veranstaltet die Stadt Ansbach zudem alle zwei Jahre die Skulpturenmeilen, bei denen immer ein Künstler in den Sommermonaten seine Werke in der Innenstadt ausstellt. Ansbach ist Hauptstadt des Regierungsbezirks Mittelfranken, obgleich nur dessen viertgrößte, und gleichzeitig eine gemütliche Mittelstadt mit 41.000 Einwohnern, in der man offensichtlich gut leben und gut essen, wo man eine gute Arbeit und gute Freizeit haben kann.

Am Markt

Ebenfalls heiter, aber sehr historisch geht es bei den Ansbacher Rokoko-Festspielen zu: Da gibt es Stadtkonzerte, Reiterspiele, Bläserserenaden, Theater und beim Fest am Hofe des Markgrafen Tanz- und Fechtgruppen in historischen Gewändern. Johann Peter Uz, dem zu Ehren ein Denkmal im Hofgarten steht, und August von Platen waren die repräsentativsten Rokoko-Dichter aus Ansbach.

Auf das Jahr 748 gehen die Wurzeln der Stadt zurück, als eine Benediktinerabtei gegründet wurde. 1040 wird das dortige Dorf Onolzbach erstmals erwähnt, 1221 ist sogar schon von einer Stadt die Rede. Mit der Übernahme der Hohenzollern Ende des 14. Jahrhundert kommt der Name Ansbach auf und schon 1456 wird Anschba als Residenzstadt geführt.

Ihre Blüte erlebte die Stadt in der Barock- und Rokokozeit in der ersten Hälfte des 18. Jahrhunderts, als die Residenz in ihrer bis heute erhaltenen Form umgebaut und der Hofgarten

Rokoko-Fest

Sommerzeit

gestaltet wurde. Auch ein Großteil der historischen Bauwerke der heutigen Altstadt entstand in dieser Zeit. Das Markgrafenschloss (siehe Tipp 2) ist deshalb auch die Hauptsehenswürdigkeit. Die Johanniskirche aus dem 15. Jahrhundert mit der ehemaligen und St. Gumbertus mit der jetzigen Fürstengruft ergänzen die höfische Welt. 25 Sarkophage der Ansbacher Markgrafen sind dort zu sehen.

Das Bürgerviertel hingegen zeigt sich von seiner schönsten Seite mit Rathaus, Promenade, Fußgängerzone, Resten der historischen Stadtmauer und dem bereits erwähnten 47 Meter hohen Herrieder Tor, dem ältesten erhaltenen Teil der Stadtbefestigung. Das Glockenspiel ist jeden Tag zweimal, um 11 und 17 Uhr, mit der Melodie des „Hohenfriedberger Marschs" zu hören und erinnert an den Sieg Preußens über Österreich 1745. Im Text werden auch die Ansbach-Dragoner zitiert, die wohl großen Anteil am Sieg hatten.

Herrieder Tor

Ansbach, 1792 noch preußisch, wurde 1806 bayerisch und schon 1838 zur Hauptstadt Mittelfrankens. Eine Ausnahme in Bayern, denn in den anderen sechs bayerischen Regierungsbezirken ist jeweils die größte Stadt auch die Hauptstadt. Doch warum hatte Nürnberg gegenüber Ansbach das Nachsehen? Darüber kann nur trefflich spekuliert werden, denn es gibt kein Schriftstück, in dem ein klarer Grund genannt wird. Vielleicht war es der Schuldenberg, den Nürnberg zu dieser Zeit aufgehäuft hatte? Aber auch nach dem Zweiten Weltkrieg blieb Ansbach Hauptstadt, obgleich sich in den 1950er-Jahren der damalige Nürnberger Oberbürgermeister dafür eingesetzt hatte, dass Nürnberg Regierungssitz von Mittelfranken wird. Die bayerische Staatsregierung aber lehnte den Antrag ab.

Info

Lage: Ansbach liegt etwa 45 Kilometer westlich von Nürnberg.

Auskunft: Johann-Sebastian-Bach-Platz 1, 91522 Ansbach, Tel. 0981 51243, *ansbach.de*

Museum: Kaspar-Hauser-Abteilung im Markgrafenmuseum

Events: Ende Juni/Anfang Juli Rokoko-Festspiele. Ende Juli/Anfang August Kaspar-Hauser-Festspiele und *bachwoche.de*

Restaurants:

- Bratwurst-Glöckle: fränkisch-einfach, aber gut; Uzstraße 4, 91522 Ansbach, Tel. 0981 4661111, *bratwurst-gloeckle.com*
- Das Hürner: Brauhaus mit gehobener fränkischer Küche von der Festtagssuppe mit Markklößchen bis Zwiebelrostbraten. Moderne Zimmer, Schlossstraße 7, 91522 Ansbach, Tel. 0981 2086220, *das-huerner.de*

Unterkünfte:

- Schwarzer Bock: Boutique-Hotel mit extravaganten, teils schrillen Zimmern in einem Rokoko-Haus und gutem Bio-Restaurant; Pfarrstraße 31, 91522 Ansbach, Tel. 0981 421240, *schwarzerbock.de*
- Windmühle: recht einfache Zimmer, aber zwei Saunen; Rummelsbergerstraße 1, 91522 Ansbach, Tel. 0981 972000, *hotel-windmuehle.de*

2 Schloss Ansbach

SPIEGLEIN, SPIEGLEIN …

Manche sagen: Die barocke Markgräfliche Residenz ist neben der Würzburger die schönste im Frankenland. Und sie sagen dies vielleicht gar nicht zu Unrecht. Ein Highlight im Fränkischen ist sie auf jeden Fall.

27 Prunkräume, Spiegelkabinett (siehe links) und Kachelsaal mit 2800 Fliesen der ehemals ortsansässigen Manufaktur: Die Markgräfliche Residenz in Ansbach ist ohne Frage ein Schmuckkästchen. Sie entwickelte sich aus einer mittelalterlichen Anlage, einer Wasserburg, die um 1400 entstand, und wurde zwischen 1705 und 1730 zu dem modernen Residenzbau umgeformt, wie man ihn heute sehen kann. Unter den Prunkräumen gehört sicherlich dem Festsaal mit grandiosem Deckenfresko von Carlo Carlone ein Ehrenplatz, den aber auch die Gemäldegalerie mit Werken des Rokoko sowie die Sammlung Meißener Porzellane im Spiegelkabinett für sich beanspruchen. Die Markgrafengruft findet man nicht in der Residenz, sondern rund hundert Meter weiter in St. Gumbertus, der Kirche mit drei Türmen. Treppab befinden sich die 25 Sarkophage der Markgrafen.

Eine besondere Rarität sind die präparierten markgräflichen Pferde aus dem 18. Jahrhundert. Ein barocker Fürstenhof war ja in seiner Zeit ohne Pferde undenkbar: Sie waren Reit- und Kutschtiere, aber auch auf Jagden oder in Kriegen unverzichtbar. Im Marstall der Residenz fanden einst 122 Tiere Platz. Dass so vieles original erhalten ist, verdanken wir der Tatsache, dass das Schloss ab 1791 kein Herrschersitz mehr war und folglich kaum ein Grund bestand, die Prunkräume zu modernisieren.

Das Ansbacher Schloss

Zur Residenz gehören noch der im französisch-barocken Stil gestaltete Hofgarten und die Orangerie von 1743 mit ihren akkurat geschnittenen doppelreihigen Hecken. Die Frühjahrs- und

Sommerbepflanzung geschieht stets in Anlehnung an barocke Musterbücher. Immer dabei sind Zitronen-, Pomeranzen-, Oliven-, Pistazien-, Lorbeer- sowie Feigenbäume. Denkmale und Gedenktafeln erinnern unter anderem an den Dichter Johann Peter Uz oder an das 1833 im Hofgarten ermordete Findelkind Kaspar Hauser (siehe Tipp 1).

Die Orangerie

Info

Lage: Ansbach liegt etwa 45 Kilometer westlich von Nürnberg.

Adresse: Promenade 27, 91522 Ansbach, Tel. 0981 9538390, *ansbach.de*

Museum: Markgrafenmuseum zu Markgrafen, Jagd, Fayencen, Kaspar Hauser

Event: Ende Juni/Anfang Juli Rokoko-Festspiele

Restaurant:

- Orangerie: hübsches Restaurant mit internationaler Küche. Promenade 33, 91522 Ansbach, Tel. 0981 2170, *orangerie-ansbach.de*

Unterkunft:

- Hotel Platengarten: elegante Zimmer, historisches Ambiente; Promenade 30, 91522 Ansbach, Tel. 0981 971420, *hotel-platengarten.de*

3 Rund um Ansbach

GERÄUCHERTES, SCHNABLER UND OLDTIMER

Im Landkreis von Ansbach finden sich eine Reihe typisch fränkischer Orte, die alle einen Abstecher wert sind: angefangen im Osten bei Heilsbronn mit seinem Kloster über Burgoberbach mit Wasserschloss bis zu den Störchen von Leutershausen im Westen. Außerdem trifft man auf die einzige päpstliche Basilika in Mittelfranken.

Der Dreißigjährige Krieg machte den Leuten im heutigen Landkreis Ansbach schwer zu schaffen. Immer wieder kam es vor, dass die Dorfbewohner ihre Häuser Hals über Kopf verlassen mussten und in den Wäldern Schutz suchten. Als sie wieder einmal aus dem Dorf fliehen mussten, hängten sie ihr Salzfleisch in die Schlote, damit es von den hungrigen Soldaten nicht gefunden wurde. Die Soldaten bedienten sich an den übrigen Essensvorräten und ließen jeden Tag die Schlote rauchen. Als die Leute schließlich in ihr Dorf zurückkehrten und nach ihren Fleischvorräten in den Schloten sahen, zeigten sich diese ganz und gar unappetitlich: verrußt und schwarz. Da sie aber sehr hungrig waren, schnitten sie das Fleisch an. Und siehe da, es schmeckte besser als vorher! Von diesem Tag an räucherten sie alljährlich einen Teil ihres geschlachteten Fleisches und das fränkische Geräucherte war erfunden!

Ob sich Gleiches auch in Heilsbronn zugetragen hat, ist nicht überliefert, aber wer denkt bei dem Namen nicht automatisch an einen Gesundbrunnen? Und tatsächlich stößt

Heilsbronn: Münster …

… und Kloster

man bei der Erkundung des Städtchens, das auf ein Zisterzienserkloster zurückgeht, auf den Heilbrunnen. Die klar sprudelnde Quelle führt allerdings in die Irre, denn sie ist weder eine Heilquelle noch namensgebend für die Stadt. Die Zisterzienser empfanden das Land als gut und wirtlich und benannten ihr Kloster Haholdesbrunn, um zum Ausdruck zu bringen, dass das Kloster ein Quell des Seelenheils für sie sein sollte. Schließlich gaben gerade die Zisterzienser ihren Klöstern gerne programmatische Namen wie Gottestal, Heiligenfeld, Engelszell, Marienwalde oder Himmelspfort. So komisch es klingen mag: In Heilsbronn gibt es keine einzige Heilquelle … Dafür sind aber noch die Hochgräber der Hohenzollern erhalten. Am pompösesten ist die Ruhestätte von Markgraf Joachim Ernst: Sechs Adler tragen den Sarkophag aus schwarzem Marmor, als wollten sie den in voller Rüstung liegenden Markgrafen direkt in den Himmel tragen.

In Herrieden trifft man auf die mächtige doppeltürmige Stiftsbasilika, welche nicht nur die Ansicht der Kleinstadt beherrscht, sondern auch die einzige päpstliche Basilika in Mittelfranken ist. Den Ehrentitel bekam das Kirchenhaus 2010. Zudem lohnt ein Blick ins Stadtschloss, das seit der Zeit Kaiser Karls des Großen, der zwischen 748 und 814 lebte, in den Chroniken aufgeführt wird und heute ein Kulturzentrum ist.

Schloss Sommersdorf

Lichtenau hat eine schöne Festung und ein waschechtes Wasserschloss findet man im nahen Burgoberbach: Doch Schloss Sommersdorf ist nicht nur wildromantisch, man kann sogar darin nächtigen. Die sechs Apartments sind so stilvoll wie elegant und Hausherr Freiherr von Crailsheim kutschiert seine Gäste auf Anfrage auch durch die Gegend. Neun Oldtimer kann er anbieten: vom Ein-Zylinder-Cadillac mit 8,5 PS von 1904 über den legendären Ford T von 1909, dem ersten Fahrzeug, das vom Fließband kam, dem Mercedes 190 SL, eine Ikone unter den Cabrios, Baujahr 1961, bis zur Mercedes-Limousine 280 SE, Baujahr 1974, mit der Manfred von Crailsheim 2012 über die Seidenstraße bis Shanghai gefahren ist. „Bei hoher Laufkultur und großer Zuverlässigkeit war die weite Strecke kein großes Problem", sagt der Autofan heute.

Nach Leutershausen hingegen fährt man, um Störche zu sehen. Das Städtchen liegt an der Altmühl, hat von seiner einstigen Befestigung noch zwei Tore und Mauerreste zu bieten sowie vor allem seine Störche. Seit Jahrzehnten brüten sie am alten Feuerwehrhaus – mal mit mehr, mal mit weniger Erfolg. Auf den Altmühlwiesen um Leutershausen befinden sich zahlreiche Biotope, wo sie reichlich Nahrung finden. Dort kann man die Schnabler auch oft beobachten.

Störche in der Stadt

Info

Lage: Heilsbronn und Lichtenau liegen etwa 17 bzw. zehn Kilometer östlich von Ansbach, Herrieden 12 Kilometer südlich und Leutershausen zwölf Kilometer westlich.

Auskunft: Johann-Sebastian-Bach-Platz 1, 91522 Ansbach, Tel. 0981 51243, *ansbach.de*

Aktivitäten: Oldtimer-Ausfahrten, *schloss-sommersdorf.de/oldtimer*

Museum: Handwerkermuseum, *leutershausen.de*

Restaurant:

- Zum Adler: ältestes Gasthaus in Heilsbronn, Biergarten; Kammereckerplatz 3, 91560 Heilsbronn, Tel. 09872 1265

Unterkünfte:

- Schloss Sommersdorf: Schlossatmosphäre auch in den Zimmern, zum Teil mit Kamin, stilvolle Möbel, drei Nächte Mindestbuchung; Schloss Sommersdorf, 91595 Burgoberbach, Tel. 09805 91920, *schloss-sommersdorf.de*
- Gotzenmühle: günstiger Landgasthof mit gemütlichen Zimmern. Eigene Angusrinderzucht, Esel für die Kinder zum Streicheln; Gotzenmühle 1, 91586 Lichtenau, Tel. 09827 1292, *gotzenmuehle.de*

4 Frankenhöhe

DIE UNBEKANNTE SCHÖNE

200 Kilometer markierte Wander- und Fahrradwege lassen den Naturfreund aufhorchen. Überregionalen Tourismus gibt es kaum, dafür viel unberührte Natur. Die Frankenhöhe, nördlich von Ansbach, lohnt eine Erkundung.

Am Petersberg …

Wenn man so will, ist die Frankenhöhe die etwas höhere Fortsetzung des nördlich gelegenen Steigerwalds (siehe Tipp 30). Sie gehört zu den eher unbekannten Landstrichen in Franken, wird bis zu 554 Meter hoch und reicht im Westen bis Baden-Württemberg. Der deutlich größere Teil gehört jedoch zu Bayern und der ist zum Großteil als Naturpark ausgewiesen.

… mit Bienenvolk

Im Westen bestimmen Mischwälder mit Rotbuchen, Eichen, Erlen und Eschen das Bild, im Osten kommen noch Fichten und Kiefern dazu. Streuobst- und Nasswiesen wie früher finden sich in den Tälern und mehr als 50 Berge erreichen Höhen von mehr als 500 Meter. Die waldreiche Bergkuppe des

Die Burg von ...

Hornberg bei Schnelldorf nahe Feuchtwangen (siehe Tipp 6) ist mit 554 Metern die höchste Erhebung. Allerdings wird das kleine Gebirge von zwei Autobahnen, der A6 und A7, durchzogen, die sich am Autobahnkreuz Feuchtwangen-Crailsheim in der Talmulde der Wörnitz treffen. Die 200 Kilometer markierten Wander- und Fahrradwege werden dadurch aber kaum tangiert. Der Frankenhöhe-Weg verläuft von Nord nach Süd und ein Teil des Fernwanderwegs Europäische Wasserscheide durchkreuzt die Frankenhöhe ab Ansbach (siehe Tipp 1) in westlicher Richtung bis Schnelldorf. Weitere Fernwanderwege, auf denen man natürlich auch abschnittsweise gehen kann, sind der Fränkische Jakobsweg von Rothenburg ob der Tauber (siehe Tipp 5) in Richtung Osten

... Colmberg

nach Prag sowie der Wanderweg Romantische Straße.

Die Kappl von Lehrberg

An nennenswerten Ortschaften liegen neben Feuchtwangen noch in der Kulturlandschaft Colmberg mit seiner nie eingenommenen Burg auf dem 511 Meter hohen Heuberg, Virnsberg mit dem Bilderbuchschloss Deutschordensburg aus dem 13. Jahrhundert, Schillingsfürst mit seinem Barockschloss und dem fotogenen, 1902 im wilhelminischen Leuchtturmstil erbauten Wasserturm sowie in Lehrberg die Kappl, der Rest einer 1430 entstandenen Bergkapelle.

Info

Lage: Die Frankenhöhe liegt nordwestlich von Ansbach.

Auskunft: Am Kirchberg 4, 91598 Colmberg, Tel. 09803 9326202, *naturpark-frankenhoehe.de*

Restaurant:

- Zum Kreuz: fränkische Küche, Biergarten, Pensionszimmer; Schloßstraße 19, 91604 Virnsberg, Tel. 09829 300, *zum-kreuz-virnsberg.de*

Unterkunft:

- Hotel Burg Colmberg: historische Zimmer mit handgeschnitzten Himmelbetten in der Burg, Restaurant; An der Burgenstraße 1, 91598 Colmberg, Tel. 09803 91920, *burg-colmberg.de*

5 Rothenburg ob der Tauber

REAL? SURREAL? ROMANTISCH?

Abgesehen vom Münchner Oktoberfest und Frankfurter Flughafen, vom Brandenburger Tor und Schloss Neuschwanstein bestimmt ein Puppenstubenstädtchen Deutschlands Bild in der Welt: Rothenburg ob der Tauber, der Inbegriff für eine verklärte Romantik und heile Welt. Dabei ist die Stadt alles andere als ein Mittelalterfreizeitpark, sondern eine 11.000-Einwohner-Gemeinde.

Ansicht von Rothenburg und sein ...

Romantik, was ist das nur? Jenseits von literatur- und kunsthistorischen Definitionen kommt das Bild von Rothenburg ob der Tauber einer Antwort sicherlich nahe: verschachtelte Gässchen und gepflasterte Plätze, verwunschen windschiefe Fachwerkhäuser, die mächtige Stadtmauer mit mittelalterlichen Türmen. Das ist Romantik – zumindest für viele. „Wo Märchen wahr werden", verspricht eine Rothenburg-Broschüre und auf englisch: „Romantic, but real!" Die Romantik kam ja erst im 18. Jahrhundert auf. Und wohl kein Rothenburger im Mittelalter fand die Stadtmauer romantisch. Sie diente dem Überleben, als Schutzwall gegen Angreifer und die Pest. Und es war sicherlich auch nicht romantisch, durch die Galgengasse zum Galgentor gehen zu müssen ... Der Rothenburger Nachtwächter Hans Georg Baumgartner sagt: „Romantik bedeutet für mich: Nach meiner letzten Runde allein Richtung Klingentor zu meinem Haus im Fuchsengässchen zu gehen. Das könnte sich auch vor 500 Jahren so angefühlt haben".

... Nachtwächter

Ein Rundgang mit dem Nachtwächter gehört zu den schönsten Erlebnissen bei einem Rothenburg-Besuch. In der Saison marschiert der Laternenmann eine Stunde lang durch die gepflasterten Gassen und erzählt von Bauten, Geschichte und Tradition. Im Mittelalter war es seine Hauptaufgabe, nachts für Ruhe und Sicherheit der Bürger innerhalb der Stadtmauern zu sorgen. Aber obwohl er mit diesem Polizeidienst eine wichtige Aufgabe erfüllte, gehörte seine Arbeit zu den unehrenhaften Berufen.

„Für Amerikaner und Japaner ist das hier Deutschland", sagt Heinz Heß. In seinem Souvenirshop verkauft er jenen Amerikanern und Japanern seit fast 30 Jahren alles, was irgendwie mit Germany zu tun hat. Bei ihren Europa-Reisen ist Rothenburg fast immer auf dem Plan. Und wenn asiatische Filmcrews im beschaulichen Rothenburg drehen, dann wollen sie nur eines: Einen typisch deutschen Ort zeigen – das Bild der prächtig erhaltenen Altstadt aus dem Mittelalter ...

Stadtmauer und Klingenturm

Das Altstadtensemble, vorwiegend aus dem 12. bis 14. Jahrhundert, mit fast vollständig erhaltener und zum Großteil begehbarer Stadtmauer sowie mit 40 Türmen und 700 denkmalgeschützten Gebäuden, ist für viele Besucher das Idealbild einer mittelalterlichen Stadt. Am Klingentor im Norden, ein ehemaliger Wasserturm, kann man seinen Weg auf der Stadtmauer beginnen. An dieser Stelle weiß man, warum Rothenburg den Zusatz ob der Tauber trägt: Vom Turm zum Taubergrund sind es 80 Höhenmeter. „Viele Leute wundern sich, dass Rothenburg bisher noch nicht auf der Weltkulturerbeliste steht", sagt Baumgartner. Beworben hat sich Rothenburg schon mehrmals, aber den Zuschlag erhielten immer andere.

Das Rathaus

Zwei Millionen Besucher drängen sich jährlich durch die Gassen. Zwei Millionen in einem Ort mit nicht einmal 11.000 Einwohnern. Die Hälfte der Besucher kommt aus dem Ausland, denn in Rothenburg kann man „Eine Reise mit der Zeitmaschine ins Mittelalter" machen, wie die Touristenbroschüre weiter vollmundig ankündigt. Das bedeutet Platz drei auf der Liste der hundert beliebtesten Sehenswürdigkeiten für ausländische Touristen in Deutschland – hinter dem Miniatur Wunderland in Hamburg, dem Europa-Park Rust und noch vor Schloss Neuschwanstein – laut jüngster Umfrage der „Deutschen Zentrale für Tourismus".

Ein Städtchen als ein Stück Vergangenheit in der Gegenwart: Mit barfüßigen Kindern, die sich beim Hufeisenwerfen messen. Mit Verkäuferinnen, die in ganzjährig geöffneten Weihnachtsgeschäften Tracht tragen. Mit einer authentischen Architektur, wie am Burgtor: Die Öffnung, durch die heißes Pech auf Angreifer gekippt wurde, und das Nadelöhr, ein Durchstieg für nur eine Person, damit nicht das ganze Tor geöffnet werden musste, was nachts sehr gefährlich war, vermitteln historische Einblicke. Und der kostümierte Nachtwächter erklärt alles, gibt Infotainment zum Besten: „Hört ihr Leut' ...!" – Pause und ein schelmisches Lächeln: „Ein Nachtwächter konnte damals sein schmales Salär aufbessern, wenn er in bestimmten Situationen an Sehstörungen gelitten hat ..." Das bringt Gelächter der Gäste – und Trinkgeld.

Keine Stadt zwischen Flensburg und Garmisch strömt so eine Puppenstubenatmosphäre aus und glänzt nebenbei mit großer

Kultur. In der St. Jakobskirche bestaunt man den Heilig-Blut-Altar von Tilman Riemenschneider, auf der Wehr- und Stadtmauer geht man spazieren. Der Plönlein gilt als malerischster Platz, während das historische Rathaus mit Glockenturm und Meistertrunk-Uhr seine Bewunderer lockt. Dabei darf eines nicht vergessen werden: Trotz der strikten Denkmalschutzvorschriften „sind wir kein Mittelalterfreizeitpark, sondern eine Stadt mit richtigen Bewohnern und den üblichen Sorgen und Nöten", sagt der Nachtwächter, der seit 25 Jahren seinen Dienst verrichtet. Den Reiz macht die Authentizität der Altstadt in Kombination mit der bewohnten und lebendigen Stadt hinter den Fassaden aus. Deshalb sollte man beim Besuch auch darauf achten, innerhalb der Altstadt ein Hotel zu wählen, das in einem historischen Haus untergebracht ist.

Im Mittelalter war Rothenburg freie Reichsstadt. Im Dreißigjährigen Krieg wurde sie von Graf von Tilly eingenommen. Seit 1803 gehört sie zu Bayern. In der Weimarer Republik entwickelte sie sich zu einer Hochburg der NSDAP mit bis zu 83 Prozent der

Stimmen. Im Zweiten Weltkrieg beschädigten oder zerstörten Bomben 40 Prozent der Bausubstanz. Nach dem Krieg wurden die Gebäude aber wieder originalgetreu aufgebaut oder saniert. Von der Anhöhe Reutsächser Steige sieht man die gesamte Altstadt am besten: Ein Anblick, der Händler und Besucher schon seit Jahrhunderten beeindruckt hat. Real! Und romantisch ...

Info

Lage: Rothenburg ob der Tauber liegt etwa 35 Kilometer nordwestlich von Ansbach.

Auskunft: Marktplatz 2, 91541 Rothenburg o.d.T., Tel. 09861 404800, *tourismus.rothenburg.de*

Aktivitäten:

- *nightwatchman.de*
- Radtour: Rothenburg–Kehlheim, 250 Kilometer, meist eben, *altmuehl-radweg.com*

Museen: *alt-rothenburger-handwerkerhaus.de; kriminalmuseum.rothenburg.de*

Events: *meistertrunk.de:* Festspiel mit Heeresumzug an Pfingsten. Reichsstadtfest, alle kleiden sich in historische Gewänder, September

Einkaufen: Rothenburger Schneeballen und Tauberkugeln, Süßigkeiten mit Ursprung im Mittelalter, *original-rothenburger-tauberkugeln.de*

Restaurant:

- Mittermeiers: „Casual Dining“ bei gehobener Küche; schöne Zimmer; Vorm Würzburger Tor 7, 91541 Rothenburg o.d.T., Tel. 09861 94540, *villamittermeier.de*

Unterkunft:

- BurgGartenpalais: 4-Sterne-Hotel im schlossartigen Stammhaus einer Patrizierfamilie, eines der ältesten Wohnhäuser Rothenburgs, gutes Restaurant; Herrngasse 26, 91541 Rothenburg o.d.T., Tel. 09861 8747430, *burggartenpalais.de*

6 Feuchtwangen

WENN EIN KAISER DURST HAT …

… ist eine Legende nicht weit, noch dazu, wenn sich Karl der Große verirrte und ihm eine Taube aus der Patsche half. Das 1200 Jahre alte Städtchen Feuchtwangen liegt an der Romantischen Straße zwischen Rothenburg im Norden sowie Dinkelsbühl im Süden und ist auf jeden Fall einen Stopp wert.

Die Feuchtwanger Gründungssage dürfte die berühmteste Geschichte aus dem Feuchtwanger Land sein. Sie besagt, dass Kaiser Karl der Große mit seinem Gefolge in der Feuchtwanger Gegend auf die Jagd ging. Der Tross verirrte sich im Wald. Da die Wasservorräte aufgebraucht waren, hatten Karl und seine Truppe bald großen Durst. Karl sah eine Taube auffliegen und, wie vermutet, fand sich dort eine Quelle. Aus Dankbarkeit baute er ein Kloster, wodurch er der Gründer von Feuchtwangen wurde. Wenn alles so stimmt, muss sich das Ganze vor 814 abgespielt haben, denn in diesem Jahr verstarb Karl der Große.

Das Taubenbrünnlein erinnert an die Gründungssage der Stadt. Auf der Brunnensäule kann man die Geschichte nachlesen. Einen urkundlichen Beweis für die Gründung eines Klosters gibt es jedoch nicht. Die Stiftungsurkunden des Feuchtwanger Klosters sind verloren gegangen. Erstaunlich ist jedoch, wie alt die Überlieferung schon ist: Die ersten Erwähnungen, die Karl den Großen als Gründer des Feuchtwanger Benediktinerklosters nennen, stammen bereits aus dem 13. Jahrhundert.

Vom Brünnlein führt ein Fußweg entlang der Stadtmauer hinauf zum Oberen Tor, das einzige noch erhaltene der vormals drei Stadttore. Es war zugleich der Nordeingang zum ehemaligen Kloster. Seit 1395 ist es als Weyerslacher Tor ein Teil der Stadtbefestigung.

Taubenbrünnlein und ...

Vor wenigen Jahren feierte Feuchtwangen – Verifizierung der Sage hin oder her – sein 1200-jähriges Jubiläum. Die Kreuzgangstadt blickt auf eine lange und wechselvolle Geschichte zurück. Ihr Marktplatz mit den sehenswerten Bürgerhäusern ist wegen seiner ungewöhnlichen Geschlossenheit als Festsaal Frankens bekannt. Andere schätzen das Städtchen ganz profan wegen der Spieltische im Casino. Und für alle sehenswert sind die altfränkischen Fachwerkhäuser, das Fränkische Museum und der Kreuzgang der romanischen Stiftskirche.

... Kreuzgang

Vom Marktplatz aus ist der Kreuzgang aus dem 12. Jahrhundert über eine Treppe zu erreichen. Kultur- und Theaterfreunde kennen ihn von den sommerlichen Kreuzgangspiele mit Freilichtaufführungen von Klassikern der Weltliteratur. Der Kreuzgang ist der Überrest des benediktinischen Klosters, das mutmaßlich von Kaiser Karl gegründet, aber erst 819 urkundlich erwähnt wurde. In seiner heutigen Form umfasst der Kreuzgang einen nahezu quadratischen Innenhof von 18 mal 20 Metern. Bedeutende Zeugnisse dieses Benediktinerklosters sind die noch erhaltenen Briefe des Mönches Froumund, die einen einzigartigen Einblick in die Lebensverhältnisse des Klosters vor der ersten Jahrtausendwende geben.

Marktplatz und ...

... Kasten

Schmuckstück am Marktplatz selbst ist der 1727 erbaute Röhrenbrunnen. Auf der Brunnensäule befindet sich die Göttin Minerva als Beschützerin des heimischen Gewerbes. Und auf der Brunnenfassung findet man neben dem Reichsadler das Feuchtwanger Stadtwappen, die Fichte. Die frühere Peter- und Paulskapelle wurde 1565 zum Getreidekasten und 1982 zur Stadthalle umgebaut: ein langgestrecktes zweigeschossiges Fachwerkgebäude mit hohem Dach. Alle sagen nur Kasten dazu, weil dort der Kastner Naturalabgaben, vor allem Getreide, annahm. Er war einer der wichtigsten Beamten der Stadt. Erst mit der Ablösung der Naturalabgaben durch Geld Mitte des 19. Jahrhunderts verlor der Kasten seinen Verwendungszweck.

Er wurde danach noch von verschiedenen Brauereien genutzt, ehe die Stadthalle daraus wurde.

Das Fränkische Museum Feuchtwangen ist eines der bedeutendsten Volkskunstmuseen im süddeutschen Raum. Das Leben und Wohnen in den kleinen Städten Frankens ist das Thema. Gezeigt werden Möbel, Hausrat, Liebesgaben und -briefe, Brauchtümliches und Religiöses. Hervorzuheben ist die bedeutende Fayencensammlung. Ein großer Teil der rund 700 Exponate stammt aus nahe gelegenen Keramik-Manufakturen.

Fränkisches Museum

Info

Lage: Feuchtwangen liegt etwa 25 Kilometer südöstlich von Ansbach.

Auskunft: Marktplatz 1,
91555 Feuchtwangen, Tel. 09852 90455,
tourismus-feuchtwangen.de

Aktivitäten: Karlspfad, sieben Orte, die an Kaiser Karl erinnern; *Casino, spielbanken-bayern.de*

Museum: *fraenkisches-museum.de*

Event: Juni bis August, *kreuzgangspiele.de*

Restaurant:

- Landgasthof zur Tenne: herrliche Braten aus der eigenen Metzgerei; Bernau 3, 91555 Feuchtwangen, Tel. 09852 2438, *landgasthof-zur-tenne.de*

Unterkunft:

- Hotel Greifen-Post: Romantikhotel in 600 Jahre altem Gebäude, Pool, drei Saunen, Restaurant; Marktplatz 8, 91555 Feuchtwangen, Tel. 09852 6800, *hotel-greifen.de*

7 Dinkelsbühl

ES WERDE LICHT!

Was für ein Anblick! Die Turmparade von Dinkelsbühl erinnert an die Skyline des Mittelalters in San Gimignano in der Toskana und die mauerbewehrte Altstadt mit engen Gassen und weiten Plätzen, Wassergräben und Weihern geben einer der am besten erhaltenen mittelalterlichen Städte Deutschlands authentisches Flair. Ist Dinkelsbühl vielleicht sogar das schönere Rothenburg?

Hexenprozesse gab es, sogar Hexenverbrennungen. Schrecklich, aber historisch nun mal belegt. Wer durch den Rothenburger Torturm, der um 1390 entstand, die Stadt betritt, bekommt auch gleich einen Geschmack vom Mittelalter: Die Pechlöcher dienten der Wehrhaftigkeit gegen den Feind und oben im Turm befanden sich Gefängnis sowie die Folterkammer ...

In Rothenburg teilt man sich die schöne Altstadt fast immer mit Massen, ob morgens, mittags oder abends, ob im Winter oder Sommer, ob unter der Woche oder am Wochenende. In Dinkelsbühl ist das anders. Dinkelsbühl ist kein Hotspot für Amerikaner oder Japaner. Das Städtchen ist kein Freilichtmuseum, keine Kulisse, sondern bietet lebendige Gegenwart gepaart mit alter Geschichte, aber trotzdem mit all den verschachtelten Gässchen, windschiefen Fachwerkhäusern, der mächtigen Stadtmauer und den mittelalterlichen Türmen. Nicht wenige Besucher fragen sich, ob die schnuckeligen Häuschen denn auch wirklich bewohnt seien? Dinkelsbühl wirkt weniger gekünstelt und weniger kitschig als

Am Marktplatz

Wörnitztor und ...

Rothenburg. Vielleicht weil die Stadt auch weitgehend unbeschadet durch den Zweiten Weltkrieg gekommen ist, während der Rivale bei Bombenangriffen mehr als ein Drittel der ursprünglichen Altstadt verloren hat? „Ja, die meisten Häuser sind bewohnt" sagt eine Stadtführerin vor einer Gruppe Touristen. „Und in vielen Häusern wird immer noch gearbeitet, wie in diesem 500 Jahre alten Patrizierhaus". Dinkelsbühl war schließlich eine Stadt der Zünfte. Gerber und Schuhmacher, Schneider und Korbmacher übten ihr Handwerk aus. In dem genannten Patrizierhaus war ursprünglich eine Dorfgaststätte. Erst seit den 1960er-Jahren befindet sich die Buchhandlung „Zum Grünen Baum" darin. Die Buchhändlerfamilie Bauer stellt sich in dem 500 Jahre alten Gebäude den Anforderungen des 21. Jahrhunderts und bietet ihre Titel auch online an.

Je länger man in Dinkelsbühl verweilt, desto entspannter nimmt man den Ort auf. Und desto mehr entdeckt man. Unter anderem einen kleinen Automaten an der Schranne: Ein paar Euro muss man einwerfen. Dafür strahlen Scheinwerfer die Sehenswürdigkeiten der Stadt an: Es werde Licht! Ganz persönlich und dennoch für alle: ein bisschen wie Weihnachten ... Es war übrigens auch ein Dinkelsbühler, der Heimatdichter Christoph von Schmid, der das Weihnachtslied „Ihr Kinderlein kommet" geschrieben hat. Und ein anderer berühmter Sohn der Stadt wurde sogar Weltmeister: Stefan Reuter, Mitglied der Fußballweltmeisterschaftsmannschaft von 1990.

Der Slogan der mittelfränkischen Kleinstadt Dinkelsbühl mit ihren gut 10.000 Einwohnern (und damit ähnlich vielen Bewohnern wie Rothenburg ...) lautet sinnigerweise: „Früher war alles besser. Bei uns ist vieles wie früher." Das Städtchen liegt verkehrsgünstig in der Mitte des Städtequadrats Würzburg, Nürnberg, Augsburg, Stuttgart, jeweils rund hundert Kilometer entfernt. Und es liegt an der Romantischen Straße, jene uralte Straße, die der Augsburger Bürgermeister Ludwig Wegele schon Ende der 1950er-Jahre als touristische Marke wiederbelebte. Sie führt von Würzburg über Rothenburg, Dinkelsbühl und Augsburg nach Füssen und Neuschwanstein. Aber nur Dinkelsbühl bietet neben mittelalterlichen Fachwerkfassaden wie aus dem Bilderbuch auch die imposante Turmparade. Am besten ist der Blick von Süden auf die fünf Türme Salwartenturm, Krugsturm, Hertlesturm, Hagelturm und Weißer Turm. Auch sehr schön sind das Nördlinger Tor mit der Stadtmühle, der Bäuerlinsturm, das Wahrzeichen der Stadt mit Fachwerkobergeschoss, das Wörnitztor, das älteste der vier Stadttore, im Norden der Faulturm mit Weiher und die 2,5 Kilometer lange, frei zugängliche Stadtmauer.

... Faulturm

Nicht in der Form, aber doch in der Anmutung erinnert die Turmparade am Oberen Mauerweg an die vielleicht berühmteste Skyline des Mittelalters in San Gimignano in der Toskana. Zwar waren die Dinkelsbühler Türme reine Wehranlagen, während die Türme in San Gimignano in erster Linie repräsentative Wohntürme darstellten, die den Reichtum und die Macht der jeweiligen Familie ins rechte Licht rückten. Dass Dinkelsbühl bis heute seine Stadtmauer mit insgesamt 18 Türmen und Toren (von einst 60 im Dreißigjährigen Krieg) in bester Verfassung hat, ist wohl dem bayerischen König Ludwig I. – nicht zu verwechseln mit Neuschwanstein-Erbauer Ludwig II. – zu verdanken: Er verfügte in seiner Amtszeit von 1825 bis 1848 ein Denkmalschutzgesetz – und zwar im Sinne der Romantik, die zu seiner Zeit stilprägend war.

Turmparade

Die große Kinderzeche hat damit nichts zu tun, sondern vielmehr mit dem Dreißigjährigen Krieg, als die Kinder der Stadt den angreifenden schwedischen Soldaten entgegengingen und um Gnade flehten. Um der kleinen Lore mit ihren Zöpfen willen, verschonte der Obrist des Angreifers die Stadt, plünderte und zerstörte sie nicht. Deshalb dürfen die Kinder Dinkelsbühls am Ende des Schuljahres, etwa Mitte Juli, bis heute bei einem Ausflug auf Kosten der Stadt zechen, also essen und trinken. 1629 wird die Zeche zum ersten Mal urkundlich erwähnt. Das ebenfalls jährlich stattfindende historische Festspiel kam erst rund 200 Jahre später auf den Plan. Es setzt die rührende Geschichte in Szene. Das Historienspiel „Kinderzeche" dauert stets zehn

Tage, beginnend mit der ersten von sieben Aufführungen um die kleine Lore und den Obristen. Ergänzt wird das Ganze mit einem Volksfest, Umzügen und Tänzen. Wer nicht zur Kinderzeche in Dinkelsbühl ist, kann sich aber doch wenigstens im Kinderzech-Zeughaus über die lange Historie des Brauchs informieren.

Wandgemälde Lore und Obrist

Lage: Dinkelsbühl liegt ca. 40 Kilometer südwestlich von Ansbach.

Auskunft: Altrathausplatz 14, 91550 Dinkelsbühl, Tel. 09851 902440, *tourismus-dinkelsbuehl.de*

Aktivitäten: Joggen im Tigertwald, wo Fußballweltmeister Stefan Reuter seine läuferischen Grundlagen gelegt haben soll …

Museen: Haus der Geschichte, Kinderzech-Zeughaus

Event: *kinderzeche.de*, im Juli

Einkaufen: *buch-bauer-dinkelsbuehl.buchkatalog.de*

Restaurant:

- Altdeutsches Restaurant: gehobene Küche ab drei Gänge, schöne Zimmer; Weinmarkt 3, 91550 Dinkelsbühl, Tel. 09851 6058, *deutsches-haus-dkb.de*

Unterkünfte:

- Kunst-Stuben: fünf romantische Zimmer, zwei davon mit Himmelbett, Kunstatelier, Bibliothek; Segringer Straße 52, 91550 Dinkelsbühl, Tel. 09851 6750, *kunst-stuben.de*
- Jugendherberge: im Kornhaus-Fachwerkbau von 1508; Koppengasse 10, 91550 Dinkelsbühl, Tel. 09851 5556417, *jugendherberge.de/jugendherbergen/dinkelsbuehl-212*

8 Limes

ÜBERALL UND NIRGENDS

Er dürfte das wohl unsichtbarste Weltkulturerbe sein, das es gibt, denn auf der enormen Länge von 550 Kilometern sind von der einst so mächtigen, befestigten Grenze der Römer gegen die Germanen nur noch sehr spärliche Reste übrig. Rekonstruktionen helfen der Fantasie aber mancherorts auf die Sprünge.

Als das größte Bodendenkmal Mitteleuropas wurde der Obergermanisch-Raetische Limes 2005 zum Weltkulturerbe bestimmt: Zusammen mit dem Hadrianswall und dem Antoninuswall in Großbritannien und Nordirland bildet der Limes eine transnationale Welterbestätte.

Der Obergermanisch-Raetische Limes ist knapp 550 Kilometer lang, ein archäologisches Geländedenkmal und eindrucksvolles Beispiel einstiger römischer Besitzansprüche. Für die UNESCO mit ihren strengen Aufnahmekriterien war indes wichtig: „Mit ihren Kastellen, Wachtürmen, Mauern, Palisaden, ihrer Infrastruktur und zivilen Siedlungsbereichen, in denen Händler, Handwerker und die Familien der Soldaten lebten, zeugt die Stätte vom Austausch menschlicher und kultureller Werte zur Blütezeit des Römischen Reiches". Und weiter: „Hier begegnete die hoch entwickelte Kultur der römischen Antike dem kulturellen Entwicklungsland des barbarischen Germanien".

Kaiser Domitian hatte im 1. Jahrhundert die Idee: Ein Schutzwall musste her! Eine Grenzbefestigung, die seine Römer gegen die Germanen abschotten sollte. Und so wurde der Obergermanisch-Raetische Limes in mehreren Phasen zwischen ungefähr 100 n. Chr. und dem Ende des 2. Jahrhunderts errichtet, als das Reich seine größte Ausdehnung hatte. Wobei große Teile des Limes aufgrund von willkürlich gezogenen Linien in der Kartografie gebaut wurden.

Das Römische Reich war in seiner territorialen Ausdehnung eines der größten Reiche, die es je gab. Es umschloss die Mittelmeerwelt und die sie umgebenden Gebiete und wurde durch ein Netzwerk aus Grenzen geschützt, die sich von der Atlantikküste im Westen bis zum Schwarzen Meer im Osten, von Schottland im Norden bis an den nördlichen Rand der Sahara im Süden erstreckten. Teile dieser Grenze haben über- und unterirdisch überdauert. Und bei solch einer riesigen Fläche ist klar: An einigen Stellen war der Limes nur eine einfache Barriere, an anderer Stelle bestand sie aus einem vollständigen Militärgebiet mit Wall und Graben, hölzernen Palisaden oder durchgehender Steinmauer und einer Siedlung. Auch der Main diente an manchen Stellen in Unterfranken als sogenannter nasser Limes zur Grenzziehung. Zu den Anlagen des Obergermanisch-Raetischen Limes gehörten 60 Kastelle, hundert kleinere Befestigungen sowie 900 Türme. Aber zu sehen vom in Franken 158 Kilometer langen ursprünglichen Limes gibt es, abgesehen von ein paar verfallenen Grundmauern in einigen Gemeinden, leider nicht mehr viel.

Ruffenhofen mit Limeseum und ...

Am schönsten und sehenswertesten zeigen sich Limes-Reste im Römerpark und im Limeseum in Ruffenhofen, gut zehn Kilometer östlich von Dinkelsbühl (siehe Tipp 7). Nach 100 n. Chr. erbauten die Römer ein Reiterkastell in der Nähe des heutigen Ortes Ruffenhofen. Als eines der wenigen Limeskastelle mit Lagerdorf wurde es im Lauf der Zeit nie überbaut. Aber bis 2003 war das Gelände landwirtschaftlich genutzte Ackerfläche. Die Regierung von Mittelfranken kaufte es und seitdem wurde so wenig wie möglich in das römische Erbe eingegriffen. Grundrisse der Bebauungen des Lagerdorfs wurden zum Beispiel mit Schnitthecken sichtbar gemacht. Besucher können sich auf einst römischen Wegen durch das Gelände bewegen. Schilder, großformatige Bildszenen und

Abgüsse römischer Steindenkmäler geben Informationen zu den Gebäuden und zum römischen Leben vor Ort. Vom Aussichtshügel bekommt man einen guten Überblick. Der Kastellnachbau ist im Maßstab 1:10 gehalten. Und im Limeseum berichtet der Reitersoldat December, der namentlich aus dem Kastell Ruffenhofen überliefert ist, via Hörstationen und einem Film aus seinem Leben, vom römischen Alltag an der Grenze und der Geschichte des Kastells.

Auch in Mönchsroth, gut zehn Kilometer westlich von Ruffenhofen, wurden ein kleiner Wachturm und ein Teil einer Befestigungsmauer nachgebaut. In Gunzenhausen informieren Schautafeln, wo der Limes und die Römer ihre Spuren in der Stadt hinterlassen haben. Die nah beieinander liegenden Kastelle Ellingen und Oberhochstatt waren römische Militärlager, die am Limes jeweils einen Abschnitt der Grenzanlagen sicherten. Zu sehen sind aber nur noch rudimentäre Reste. Das Museum im nahen Weißenburg gibt aber gute Einblicke in Macht, Pracht und Untergang am Limes.

... Nachbauten

Palisade in Kipfenberg

In der archäologischen Abteilung des Römer und Bajuwaren Museums in den ehemaligen Stallungen der Burg Kipfenberg bei Denkendorf nahe der A9 – und schon im Regierungsbezirk Oberbayern liegend – hört man Aufschlussreiches über den Aufbau wie den Fall des Limes. In einer nachgebauten Wachtstube eines Turmes darf man auch mal einen römischen Helm anprobieren. Es gibt sogar eine Limeskönigin und ein Limesfest – mit immerhin schon rund 50-jähriger Tradition. Ganz nebenbei befindet man sich in Kipfenberg am geografischen Mittelpunkt Bayerns.

Etwa 15 Kilometer nordwestlich kann man auf der Dorfstraße in Erkertshofen exakt über dem Verlauf des Limes spazieren gehen und trifft etwas außerhalb auf das Fundament eines römischen Wachturms, der rekonstruiert wurde und begehbar ist. Ein Lehrpfad führt von dort zu den nahen Originalgrundmauerresten zweier anderer Limestürme.

Auf weitere Rekonstruktionen trifft man im Römerkastell Vetoniana mit Turm, Tor, Damm und begehbarer Wehrmauer, das gut 15 Kilometer südwestlich von Kipfenberg liegt. Nochmals zehn Kilometer weiter kann man einen römischen Haustierpark besuchen: Schwarznasenschafe, Wollschweine und Langhornrinder leben im kleinen Zoo der Villa Rustica in Möckenlohe. Diese Tiere sollen sich bereits die Bewohner der Römerzeit gehalten haben.

Bundesländer übergreifend führt die Deutsche Limes-Straße von Passau in Niederbayern über Teile Mittelfrankens bis Kleve in Nordrhein-Westfalen. Der Limes-Rad- und Wanderweg verläuft nahezu parallel. Dabei gilt jeweils: Der Obergermanisch-Raetische Limes ist überall und nirgends, auf der Karte vorhanden, aber nur selten sichtbar ...

Info

Lage: Ruffenhofen liegt etwa 30 Kilometer südlich, Kipfenberg ca. 80 Kilometer südöstlich von Ansbach.

Auskunft: Ruffenhofen 1, 91749 Wittelshofen, Tel. 09854 9799242, *roemerpark-ruffenhofen.de*

Aktivitäten:
- Auto-, Fahrrad-, Wandertouren, *limesstrasse.de*
- Römischer Haustierpark, *roemervilla-moeckenlohe.de*

Museen: *limeseum.de; museen-weissenburg.de; bajuwaren-kipfenberg.de*

Event: Limesfest im August, *kipfenberg.de*

Restaurant:
- Wörnitz Stuben: Landgasthof mit gemütlicher Gaststube mit Kachelofen und Biergarten. Fränkische Schmankerlküche, nach dem Schlachttag fragen! Wörnitzstraße 12, 91749 Wittelshofen, Tel. 09854 206, *woernitzstuben.de*

Unterkünfte:
- Moarhof: Ferienbauernhof, ideal für Familien, Kinder können beim Tiere füttern helfen oder auch mal Trecker fahren; Schmalzgasse 1, 91749 Wittelshofen, Tel. 09854 979459, *ferienbauernhof-moarhof.de*
- Landhotel Geyer: geschmackvoll eingerichtete 4-Sterne-Zimmer mit viel Holz, Pool, drei Saunen, gutes Restaurant; Alte Hauptstraße 10, 85110 Kipfenberg, Tel. 08465 1730630, *landhotel-geyer.de*

9 Wolframs-Eschenbach

SCHÖPFER DES PARZIVAL

Ein Ort, der sich nach seinem berühmtesten Sohn umbenennt – genehmigt vom König höchstpersönlich: Wolframs-Eschenbach lebt von seinem großen Dichter, hat aber durchaus ein attraktives Stadtbild.

Die ritterlichen Ideale von Mut und Tapferkeit, die christlichen Werte Demut und Nächstenliebe, aber auch die Freude am Leben wollte der um 1170 (wahrscheinlich) in Eschenbach, dem heutigen Wolframs-Eschenbach, geborene Dichter und Minnesänger mit dem „Parzival" zur Geltung bringen. Wolfram von Eschenbachs Epos ist sein umfangreichstes Werk und bis heute sein bekanntestes.

Wolframs-Eschenbach

Das Grabmal des Dichters soll ausgesprochen repräsentativ gewesen sein und Überlieferungen nach die Inschrift getragen haben: „Hie ligt der Streng Ritter herr Wolffram von Eschenbach ein Meister Singer". Wolfram starb 1220, wurde in der Liebfrauenkirche von Eschenbach beigesetzt, aber sein Grabmal existierte nur bis Anfang des 17. Jahrhunderts. Der bayerische König Maximilian II. beauftragte in Eschenbach den Bau eines Wolfram-Denkmals: Ein Standbild, das ihn durch Harfe, Lorbeerkranz und Schwert als Sänger, Dichter und Ritter zeigt, enthüllt 1861 auf dem Marktplatz.

Natürlich ehrte die Gemeinde den Schöpfer des „Parzival" auch selbst und so erlaubte der bayerische König Ludwig III. 1917 die Umbenennung von Eschenbach in Wolframs-Eschenbach. Das Museum Wolfram von Eschenbach entstand allerdings erst 1995 im Alten Rathaus.

Die heutige Stadt ist gekennzeichnet von Türmen, Toren und der Stadtmauer aus dem 14. und 15. Jahrhundert, der schönen Altmühlbrücke sowie vielen Fachwerkhäusern, bestens in der Prachtstraße zu sehen. Drei mächtige Giebelhäuser, das Kocherhaus, das Lammswirtshaus und die Stadtschmiede sind die

Prunkstücke. Auch das einstige Amtshaus des Deutschordens, die Alte Vogtei, ist auf dieser Hauptstraße zu finden. Der Deutschorden war zudem für die Neugestaltung des Marktplatzes Ende des 16. Jahrhunderts verantwortlich: Im Geist der Renaissance rückte neben die Kirche ein Zeichen weltlicher Macht: das Deutschordensschloss.

Wolframs-Eschenbach-Museum

Info

Lage: Wolframs-Eschenbach liegt etwa 16 Kilometer südöstlich von Ansbach.

Auskunft: Wolfram-von-Eschenbach-Platz 1, 91639 Wolframs-Eschenbach, Tel. 09875 975532, *wolframs-eschenbach.de*

Restaurant:

- Alte Vogtei: stilvoll, weltfränkisch – regional mit internationalen Einflüssen – und historisch im Deutschordenhaus mit schönen Zimmern; Hauptstraße 21, 91639 Wolframs-Eschenbach, Tel. 09875 968880, *alte-vogtei-wolframs-eschenbach.de*

Unterkunft:

- Landhotel Gary: rustikale Zimmer mit viel Holz, Restaurant; Richard-Wagner-Straße 2, 91639 Wolframs-Eschenbach, Tel. 09875 97970, *landhotel-gary.de*

Nürnberg

Nürnbergs grandiose Kaiserburg

Nürnberg

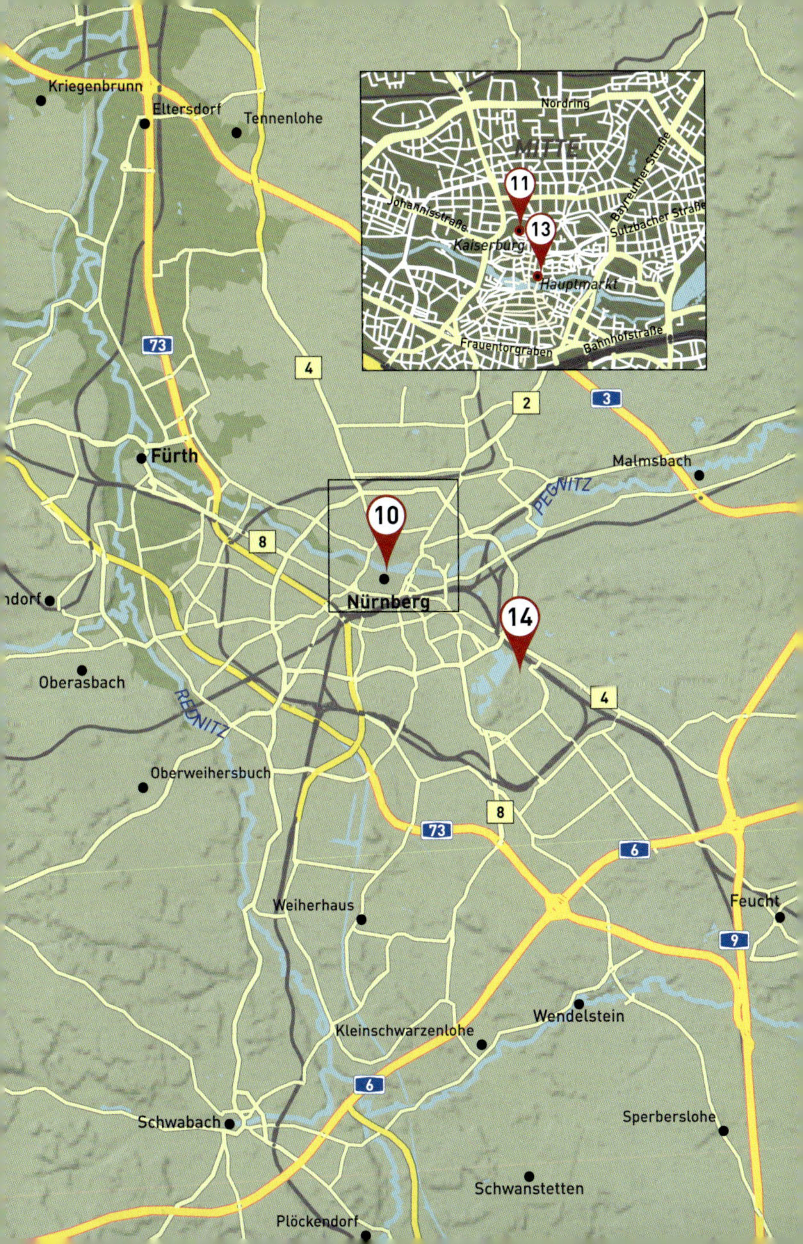

Kriegenbrunn
Eltersdorf
Tennenlohe
Nordring
MITTE
11
Bayreuther Straße
Johannisstraße
13
Sulzbacher Straße
Kaiserburg
Hauptmarkt
Bahnhofstraße
Frauentorgraben
73
4
2
3
Fürth
Malmsbach
PEGNITZ
10
8
Nürnberg
ndorf
14
Oberasbach
4
REDNITZ
Oberweihersbuch
8
73
6
Feucht
Weiherhaus
9
Wendelstein
Kleinschwarzenlohe
6
Schwabach
Sperberslohe
Schwanstetten
Plöckendorf

10 Nürnberger Innenstadt

WER ODER WAS IST DÜRER?

In der Liste der größten deutschen Städte belegt Nürnberg mit 510.000 Einwohnern den 14. Rang. Das ist besser als der heimische Club, der sein Dasein in der zweiten Fußball-Bundesliga fristet. Trotzdem klingt 14 nach Mittelmaß, das mit Weltbekannt-Attitüden vom Christkindlesmarkt nebst Lebkuchen und Rostbratwürsten aufgehübscht wird. Eine Spurensuche nach mehr.

Nürnberg gilt als Schattengewächs, denn die bayerische Landeshauptstadt München überstrahlt alles im Freistaat. Ein heikles Thema in Frankens größter Stadt, die nicht mal Hauptstadt im Regierungsbezirk sein darf: Obwohl sie doch die Kaiserburg (siehe Tipp 11) hat, den Christkindlesmarkt (siehe Tipp 13), die Spielwarenmesse, die DTM am Norisring, Rock im Park und den Dürer. Dürer? Ein Teenager von heute weiß möglicherweise nicht mal, wer oder was das ist. Na gut, die grünen Plastikhasen, das Kunstprojekt aus 2003 von Ottmar Hörl, kennen alle. Sogar in Südkorea waren sie, die Dürer-Hasen. Außerdem ist der Flughafen nach Albrecht Dürer benannt und – so würde wohl jeder Lehrer und Patriot einwerfen – ist Dürer im fränkischen Heimat- und Kunstunterricht auch heute noch Pflicht … „Nürnberg […], Du treue, fleiß'ge Stadt. Wo Dürers Kraft gewaltet. Und Sachs gesungen hat", schrieb Max von Schenkendorf 1815 in seinem Buch „Die deutschen Städte".

Nürnberg ist keine Metropole – trotz des 293 Meter hohen Fernsehturms, des höchsten Gebäudes in Bayern. Der Flughafen? Zu niedlich. Der Messeplatz? Zweite Liga trotz Spielwarenmesse … Das Szeneviertel Gostenhof heißt GoHo, ist aber halt kein SoHo und dass Nürnberg einen „Tatort" hat, ist auch kein Grund, zumal der „Tatort"-Kommissar nicht einmal Franke, sondern gebürtiger Hamburger ist. Auch der Beiname Metropolregion führt auf eine falsche Fährte. Die Metropolregion besteht aus Nürnberg sowie den Nachbarstädten Fürth (siehe Tipp 20) und Erlangen (siehe Tipp 24), die ineinander verwoben sind. 1835 fuhr die erste Eisenbahn in Deutschland von Fürth nach Nürnberg. Heute verbindet die U1 die beiden Industrie- und Handelsstädte.

Nürnberg ist gemütlich, überschaubar und ein Fahrrad reicht als Transportmittel. So könnte man alltagstauglich die heimelige Nürnberger Seele vermessen. Am Burgberg ist an Sommerabenden viel los. Jugendliche aus aller Welt hocken auf Stufen zusammen, trinken ein Bier und verspeisen „Dra im Weggla". So bestellt sogar mancher Italiener drei Bratwürstchen vom Grill im Brötchen, wenngleich nicht mit dem fränkischen Akzent, also mit gg statt ck. „Allmächd!“, denkt da so mancher Nembercher.

Unterhalb der Kaiserburg ist Nürnberg, 1050 gegründet, ein mittelalterliches Gesamtkunstwerk mit holperigen und abschüssigen Gassen, Fachwerkhäusern, Brunnen, dem Dürer-Haus und der Stadtmauer mit fünf Kilometern Länge. Die Tore stammen aus dem 14. bis 15. Jahrhundert und sind sehr gut erhalten. Vom Neutor kommt man zum Johannisfriedhof, wo Albrecht Dürer, Veit Stoß und Anselm Feuerbach beerdigt wurden. Schön ist das Hallertor an der Pegnitz, den besten Stadtmauer-Blick aber hat man vom Fürther Tor. Zwischen Jakobstor und Färbertor sitzen hübsche Damen hinter Fenstern und warten auf Kundschaft. Am Kartäusertor geht die Straße der Menschenrechte ab. Auf ihr reihen sich 27 Rundpfeiler, in denen jeweils einer der Artikel der Allgemeinen Erklärung der Menschenrechte in verschiedenen Sprachen eingraviert ist.

Stadtmauer

Die Straße der Menschenrechte

Auch der Handwerkerhof am Königstor ist mit Restaurants und Geschäften Teil der Stadtmauer.

Beim Spaziergang, den Burgberg hinunter, geht es über den Hauptmarkt mit dem Schönen Brunnen zur Frauenkirche, wo alljährlich das Nürnberger Christkind den Christkindlesmarkt eröffnet. Ein paar Schritte weiter thront über der Pegnitz das Heilig-Geist-Spital, das mit zwei Bögen in den Fluss gebaut wurde. Genauso hübsch und nicht weit weg: der Weinstadel mit dem Henkersteg. Es folgt die größte Kirche der Stadt, mit zwei Türmen von je 81 Meter Höhe: Die Lorenzkirche aus dem 15. Jahrhundert gibt sich mit ihrem Westportal am fotogensten. Schräg vis-à-vis kann man das Nassauer Haus bewundern, Nürnbergs letzter noch existierender Wohnturm.

Heilig-Geist-Spital

Lorenzkirche

Wenn es so richtig laut wird in Nürnberg, dann spielt entweder der Club, Rock im Park beschallt die Stadt oder auf dem Norisring heulen die Motoren bei der Deutschen Tourenwagen-Meisterschaft (DTM). Im Sommer 2023 gingen die Sportwagen zum achtzigsten Mal an den Start. 82 Runden müssen auf der mehr als zwei Kilometer langen Strecke befahren werden. Die besten Plätze gibt es auf der Zeppelintribüne auf dem ehemaligen Reichsparteitagsgelände (siehe Tipp 14).

Auch das dreitägige Rock- und Metalfestival findet auf dem Gelände am Dutzendteich statt. Bis zu 75.000 Zuschauer kommen und die Beschwerden wegen Ruhestörung sind doppelt so hoch wie bei den nicht weniger geräuschintensiven DTM-Rennen ... „Ohne Mussigg wär des Lehm blouß ä Irrdum", meint dazu der Nürnberger Mundartdichter Fitzgerald Kusz, ganz nach Nietzsche.

Trotz dieser bundesweit bekannten Großereignisse: Den gemeinsamen Nenner in der Stadt bildet der Club, also der 1. FC Nürnberg, 1900 gegründet, 15.000 Mitglieder, mit großen Sorgen und einst goldenen Zeiten. Max Morlock, nachdem das Stadion benannt ist, gehörte zur Weltmeistermannschaft von 1954. Im Club-Museum ist Morlocks Weltmeistertrikot mit der Nr. 13 und die Bundesliga-Torjägerkanone, die Marek Mintál als erster Nürnberger 2005 erhielt, zu sehen. Gäbe es die Großkopferten vom FC Bayern aus München nicht, wäre der 1. FCN sogar noch immer deutscher Rekordmeister in Sachen Fußball, wenn gleich die letzte Meisterschaft aus dem letzten Jahrtausend datiert (1968) und die meisten Siegerschalen in den 1920er- und 1930er-Jahren eingefahren wurden. Mit neun Meisterschaften war Nürnberg bis 1987 mehr als 64 Jahre lang deutscher Rekordmeister! Wohl deshalb gilt: einmal Club, immer Club! Und „hier regiert der 1. FCN" heißt es

Banner des 1. FC Nürnberg

im heimischen, 50.000 Zuschauer fassenden Max-Morlock-Stadion, wenn der Club spielt, deren schwarz gekleideten Ultras zu den gefürchtetsten Fans der Republik zählen. Doch außerhalb von Block 8 ist Nürnberg eine friedliche Stadt mit Lebens- (und Besucher-)Qualität sowie die besten „Dra im Weggla" im Universum. Nämberch, horch ämol: Du gehörst ganz sicher unter die Top Ten in Deutschland!

Info

Lage: Nürnberg liegt etwa 220 Kilometer südöstlich von Frankfurt/Main und ca. 180 Kilometer nördlich von München.

Auskunft: Hauptmarkt 18, 90403 Nürnberg, Tel. 0911 23360, *tourismus.nuernberg.de*

Aktivitäten: volksfest-nuernberg.de; tiergarten.nuernberg.de; Dutzendteich: faulenzen, grillen, Ball spielen, Boot fahren

Museen: *museen.nuernberg.de/duererhaus; fcn.de/club/club-museum*

Events: *norisring.de; rock-im-park.com*

Restaurants:

- Bratwursthäusle: Traditionslokal, die besten Rostbratwürste vom Buchholzfeuer auf den Zinnteller; Rathausplatz 1, 90403 Nürnberg, Tel. 0911 227695, *bratwursthaeuslenuernberg.de*
- Schäufelewärtschaft: leckerstes Schäufele der Stadt, kross und zart; Schweiggerstraße 19, 90478 Nürnberg, Tel. 0911 4597325, *schaeufele.de*

Unterkunft:

- Hotel Victoria: drei Sterne, historische Kulisse, von manchen Zimmern blickt man in die Ausstellungsräume des Museums für Kunst und Design; Königstraße 80, 90402 Nürnberg, Tel. 0911 24050, *hotelvictoria.de*

11 Nürnberger Burg

LIEBLING DER DEUTSCHEN KAISER

Mächtig thront die Kaiserburg seit rund tausend Jahren über Nürnberg. Die deutschen Könige und Kaiser hielten dort ihre Reichstage ab. Die Nürnberger Burg, mit dem weithin sichtbaren runden Sinwellturm und dem Tiefen Brunnen mit 50-Meter-Schacht, gehört zu den besterhaltenen Anlagen ihrer Art in Europa.

Nürnberg steht im Zeichen der Burg. Das ist nicht nur der Slogan der ortsansässigen „Nürnberger Versicherung", sondern ist fast von allen Flecken der Stadt erlebbar: Die Silhouette der Burg symbolisiert die Macht und Bedeutung des Heiligen Römischen Reichs Deutscher Nation und die herausragende Rolle der Reichsstadt Nürnberg. Der älteste Teil stammt aus dem Jahr 1050. Der legendäre Kaiser Friedrich I., genannt Barbarossa, regierte von der Burg hundert Jahre später. Dank der Lage am Kreuzungspunkt wichtiger Fernstraßen entwickelte sich Nürnberg rasch zu einem bedeutenden Zentrum von Transithandel und Exportgewerbe sowie zum Finanzplatz. Der Freiheitsbrief Kaiser Friedrichs II. von 1219 begünstigte die bürgerliche Autonomie der Gemeinde und die Entwicklung zur eigenständigen Reichsstadt festigte sich mit dem Ende der Staufer 1254. Seit 1356 bestimmte die „Goldene Bulle" Kaiser Karls IV., dass jeder neu gewählte Herrscher seinen ersten Hoftag in Nürnberg abhalten müsse. Nürnberg wurde damit zu einem der Zentren des Reichs, neben Frankfurt als Ort der Königswahl und Aachen als Ort der Königskrönung. Die meisten Kaiser weilten mehrmals auf der Burg, wie Ludwig IV. 74- und Karl IV. 52-mal.

Nachfolger Karl V. brach dann jedoch mit der Tradition, den ersten Hoftag in Nürnberg abzuhalten: Wegen in Nürnberg grassierender Seuchen verlegte er ihn nach Worms. Die Bedeutung der Burg begann zu schwinden. Nach dem Dreißigjährigen Krieg wurde der Reichstag ab 1663 endgültig nach Regensburg verlegt.

Erst nach der Auflösung des Heiligen Römischen Reichs 1806 und der folgenden Eingliederung Nürnbergs in das Königreich Bayern fand die Burg wieder neues Interesse. Allerdings nur als Denkmal: König Ludwig I. ließ sie ab 1833 neu ausgestalten, um dort als Landesherr wohnen zu können. Nach der Niederlage im Krieg von 1866 musste Ludwig II. dem preußischen König Wilhelm I. die Mitbenutzung der „Burg seiner Väter" einräumen. Für die Nazis sollte die Burg eine Ehrenwohnung für hohe Gäste des Reichs sein und 1945 lag fast die gesamte Kaiserburg in Trümmern, wenngleich bedeutende romanische und spätgotische Bauteile erhalten blieben.

Die Geschichte eines monumentalen historischen Bauwerks wie die der Kaiserburg in wenige Sätze zu packen, bedeutet natürlich Lücken zu lassen, die man jedoch vor Ort bestens ausfüllen kann: beim Besuch der Dauerausstellung „Kaiser – Reich – Stadt. Die Kaiserburg Nürnberg", die die Glanzzeit Nürnbergs und die einzigartige Geschichte der Burg vom Mittelalter bis ins 19. Jahrhundert erlebbar macht. Wer allerdings die Nachbildungen der Reichsinsignien wie Kaiserkrone oder Reichsapfel sehen möchte, muss ins Stadtmuseum im Fembo-Haus. Die Originale sind in Wien.

Kaiserburg ...

Trotzdem meint der eine oder andere Nürnberger, dass die Kaiserburg reif wäre, als Weltkulturerbe eingestuft zu werden. Was aber schon ohne UNESCO-Status und dann zu erwartendem größeren Rummel auffällt: Die Burg gehört den Touristen, einheimisches Leben findet nur wenig statt. So sind sie halt die Nürnberger. Internationales Publikum: Ja, aber dann doch nicht zu viel, weil – wo bleibt denn sonst das Fränkische? Immer ein bisschen jammern gehört einfach dazu ...

Natürlich ist der runde Sinwellturm der Blickfang der Burg. Er stammt aus der zweiten Hälfte des 13. Jahrhunderts. Wer den Aufstieg auf sich nimmt, wird mit einer wunderbaren Aussicht über die Nürnberger Altstadt belohnt. Namensgebend für den Turm war die zylindrische Form: „Sinwell" bedeutet im Mittelhochdeutschen ungefähr so viel wie gewaltig rund. Er hatte die Funktion eines Bergfrieds und diente vorrangig Wehr- und Statuszwecken. Status deshalb, weil die optische Abschreckung zu seiner Zeit wohl ihre Wirkung hatte. Die Nürnberger Burg galt als uneinnehmbar und wurde auch nie eingenommen – bis 1945, als die US-Amerikaner auch die Nürnberger von der NS-Diktatur befreiten.

Der Fünfeckturm ist das älteste Gebäude der Anlage und einer der ältesten der noch bestehenden 71 Türme in Nürnberg. Der Bergfried hat 2,6 Meter Mauerstärke und sein Eingang liegt fünf

... mit dem Turm Luginsland

Meter hoch. Im äußeren Hof steht das bedeutendste mittelalterliche Bauwerk der Kaiserburg, die romanische Doppelkapelle aus der Zeit um 1200. Sie wurde bei der Bombardierung 1945 nicht zerstört. Am Kapellenturm sind romanische Figuren eines thronenden Kaiserpaares zu sehen.

Rund- und Fünfeckturm

Noch bekannter ist jedoch der Tiefe Brunnen in der Mitte der Vorburg, der mit den ersten Bauten der Kaiserburg entstanden sein dürfte, da eine Burg ohne eine autonome, geschützte Wasserversorgung – im Falle einer Belagerung – undenkbar war. Der Tiefe Brunnen kann nur mit Führung besichtigt werden und die 50 Meter Tiefe werden dabei durch eine Kamerafahrt anschaulich demonstriert.

Ebenfalls unter der Erde befinden sich einige Gänge, die im Mittelalter in den Burgberg gegraben wurden, damit Soldaten die Burg ungesehen verlassen konnten, um den Angreifern in den Rücken fallen zu können. In Friedenszeiten wurde dort aber auch Bier gebraut und gelagert. Heute befindet sich in den Felsengewölben unter der Burg der Kunstbunker (siehe Tipp 12).

Sinnwellturm

In der Kaiserburg befindet sich außerdem eine der schönsten Jugendherbergen Deutschlands. Dort, wo vor Hunderten von Jahren noch die Ritter lebten, gibt es jetzt sanierte und moderne Zimmer: In den ehemaligen Kaiserstallungen sind zwar vorwiegend Mehrbettzimmer zu mieten, doch ebenso einige Doppelzimmer. Auf der Kaiserburg stehen zudem verschiedene Räume für Veranstaltungen zur Miete zur Verfügung.

Nur einmal im Jahr, an Silvester, gehört die Burg ganz den Nemberchern: Dann ist sie der Treffpunkt fürs mitternächtliche Feuerwerk. Auch in der Blauen Nacht im Mai, wenn in der Kaiserburg stets die wichtigsten Kunstwerke oder Installationen gezeigt werden, sind die Einheimischen in der Überzahl. Sponsor der Kulturveranstaltung ist die „Nürnberger Versicherung". Nürnberg steht eben immer im Zeichen der Burg ...

Lage: Die Burg liegt etwa 700 Meter nördlich vom Hauptmarkt in Nürnberg.

Auskunft: Auf der Burg 17, 90403 Nürnberg, Tel. 0911 2446590, *kaiserburg-nuernberg.de*

Aktivitäten: verschiedene Führungen, auch mit Audio-Guides

Museen: *museen.nuernberg.de/fembohaus*

Event: Blaue Nacht im Mai, Silvester

Restaurants:

- Burgwächter: eingelassen in die Mauern der Kaiserburg, urige Wirtschaft, Biergarten; Am Ölberg 10, Tel. 0911 23489844, *burgwaechter-nuernberg.de*
- Kaiserburg: böhmische Spezialitäten; Obere Krämergasse 20, 90603 Nürnberg, Tel. 0911 25330663, *kaiserburg.net*

Unterkünfte:

- Jugendherberge: moderne Zimmer im alten Gemäuer; Burg 2, 90403 Nürnberg, Tel. 0911 2309360, *jugendherberge.de/jugendherbergen/nuernberg/portraet*
- Burghotel: 3-Sterne-Niveau, Pool, Sauna; Lammsgasse 3, 90403 Nürnberg, Tel. 0911 238890, *burghotel-nuernberg.de*

12 Museen in Nürnberg

DER ERSTE GLOBUS

Rund 60 Museen bietet Nürnberg seinen Gästen und Bürgern. Mit mehr als 300.000 Besuchern pro Jahr steht das Dokumentationszentrum Reichsparteitagsgelände an der Spitze. Das Germanische Nationalmuseum gilt als das größte kulturgeschichtliche Museum im deutschsprachigen Raum und das Spielzeugmuseum ist weltweit bekannt.

Postmoderne Architektur trifft auf mittelalterliche Klostermauern und eine Wand mit Ho-Chi-Minh- und anderen Straßenschildern aus Ostberlin begegnen den sechs Aposteln. Schon der erste Eindruck zeigt: Wir machen eine Zeitreise. Mit 1,3 Millionen Objekten, von denen allerdings nur 20.000 Exponate gezeigt werden, ist das Germanische Nationalmuseum (GNM) das größte kulturgeschichtliche Museum im deutschen Sprachraum. Es geht um Großes, wie etwa sieben original Dürer-Gemälde oder der älteste erhaltene Globus der Welt, 1492 geschaffen von Martin Behaim: eine Darstellung der Erde ohne Kolumbus' größte Entdeckung, also ohne Amerika. Die Stadt Nürnberg gab den Auftrag, weil schon damals Gewürze für Lebkuchen vonnöten waren und sie mit neuen Transportwegen Zwischenhändler ausschalten wollte. Der Globus daneben entstand 30 Jahre später und zeigt schon Amerika. Vielmals geht es aber auch um Kleinigkeiten: So hatte der Türmer eine der ersten Uhren und schlug die Glocke, um die Uhrzeit für alle weiterzugeben. Schon um 1300 diente die Zeitmessung der Strukturierung des städtischen Alltags.

Sechs Apostel im GNM

300 Meter weiter, an der Stadtmauer entlang Richtung City, befindet sich in einem spektakulären, transparenten Glaspalast das Neue Museum, in dem Kunst und Design von den 1950er-Jahren bis in die

Neues Museum

Gegenwart in Szene gesetzt werden: Malerei, Skulpturen, Fotografie, Videokunst, Installationen.

Unterhalb der Burg begrüßt in Gestalt des berühmten Selbstporträts von 1500 ein großer Meister die Besucher: Albrecht Dürer, geboren 1471 in Nürnberg und dort auch 1528 gestorben. Deutschlands berühmtester Maler lebte und arbeitete in einem mächtigen Fachwerkhaus unterhalb der Burg. Das Dürer-Haus ist eines der wenigen unzerstörten Bürgerhäuser aus Nürnbergs Blütezeit und das einzige Künstlerhaus aus dem 16. Jahrhundert in Nordeuropa. Küche und Wohnräume geben Einblicke in das Alltagsleben. Da seine Gemälde und Zeichnungen im Laufe der Jahrhunderte über Museen in der ganzen Welt verstreut sind, wurden im Dürer-Haus viele seiner wichtigsten Werke digital nach Nürnberg zurückgeholt. Die Medienstation „Der digitale Dürer" zeigt 43 Werke aus Dürers 43 Schaffensjahren. Im Original zu sehen sind einige Grafiken und Drucke. Alle Gemälde sind jedoch Kopien, auch die im Dürer-Saal ausgestellten Werke. Wer Originale sehen möchte, muss ins Germanische Nationalmuseum (siehe oben) gehen.

Dürer-Haus

In alten Felsengewölben direkt unter der Nürnberger Kaiserburg wurde kurz nach Beginn des Zweiten Weltkriegs ein einzigartiges Kunstdepot geschaffen: der Historische Kunstbunker. In bis zu 24 Meter Tiefe eingelagert, überstanden dort die bedeutendsten Nürnberger Kunstschätze unbeschadet den Bombenhagel: der „Engelgruß" von Veit Stoß aus der Lorenzkirche, die Kunstuhr (das sogenannte Männleinlaufen) von der Frauenkirche, die wichtigsten Nürnberger Brunnenfiguren, Altäre, Chorgestühle und Glasmalerei-Fenster, Martin Behaims Globus sowie Gemälde, Grafiken und Schriften von Albrecht Dürer.

Weltweit bekannt ist das Spielzeugmuseum, denn seit dem Mittelalter ist Nürnberg die Spielzeugstadt. In den Gassen der Altstadt und in allen Stadtteilen gab es hunderte Spielzeugfirmen: Holzspielzeug, Zinnfiguren, Puppenküchen, Kaufläden und Blechspielsachen wurden hergestellt. Heute hat Nürnberg die weltweit größte Spielwarenmesse und das Spielzeugmuseum, in dem alte Spielzeugschätze wie Puppen und Puppenstuben, aber auch Neueres wie Lego, Barbie oder Matchbox-Autos ausgestellt sind.

Das Museum Industriekultur zeigt hingegen die Geschichte der Industrialisierung am Beispiel Nürnbergs von 1800 bis heute. In einer ehemaligen Schraubenfabrik aus den 1920er-Jahren werden Arbeit und Alltag von einst lebendig: von der Arbeiterwohnung bis zur Dampfmaschine. Und in der Motorradsammlung lebt die große Zeit Nürnbergs als Ort der Zweiradproduktion auf: Zu sehen sind herrliche Legenden aus Chrom und Stahl.

Museum Industriekultur

Wer sich mehr für vier Räder interessiert, ist in Merks Motor Museum richtig: Knapp hundert automobile Oldtimer, vorwiegend deutscher Bauart, vom Käfer über den Karmann Ghia bis zu edlen Mercedes-Cabrios lassen die Autofreunde-Herzen höher schlagen. Aber auch Zweiräder sind zu sehen.

Auf Eisenbahnfans wartet im DB Museum eine spannende Reise von den Anfängen der Eisenbahn in Deutschland bis in die Neuzeit. Die Fahrzeugsammlung zeigt mehr als 30 Prunkstücke der deutschen Eisenbahngeschichte: von der Dampflok bis zum ICE. Auch ein Nachbau des legendären „Adler" ist zu bestaunen. Er war die erste Dampflok in Deutschland und verkehrte regelmäßig zwischen Nürnberg und Fürth.

DB Museum

Im gleichen Gebäude ist das Museum für Kommunikation untergebracht, wo es von A wie Avatare über B Briefe und C Computer oder L wie Lochkarte zu allen Kommunikationsthemen Wissenswertes zu berichten gibt.

Ganz anders zeigt sich das Nürnberger Loch: der älteste Teil des Rathauses und eines der größten erhaltenen Stadtgefängnisse des Mittelalters. Zellen, Folterkammer und Gefängnisküche vermitteln noch heute ein eindringliches Bild der mittelalterlichen Lochgefängnisse und der damaligen Gerichtsbarkeit.

Wer viele Museen auf einmal erleben will, sollte im Mai nach Nürnberg zur Blauen Nacht kommen, bei der mehr als 70 Kunst-

und Kultureinrichtungen mitmachen, darunter auch das Germanische Nationalmuseum, das Neue Museum, DB Museum, Museum für Kommunikation und das Staatstheater. Jedes Jahr steht unter einem anderen Motto und jedes Jahr wird die Altstadt in blaues Licht getaucht. Sie ist Deutschlands größte Lange Nacht der Kunst und Kultur und zieht 130.000 Besucher an.

Das Dokumentationszentrum Reichsparteitagsgelände und Memorium Nürnberger Prozesse wird in Tipp 14 vorgestellt.

Info

Auskunft: Hauptmarkt 18, 90403 Nürnberg, Tel. 0911 23360, *tourismus.nuernberg.de*

Aktivitäten: Führungen in allen Museen. Am besten ist die Führung einer Schauspielerin als Agnes Dürer, der Frau von Albrecht, im Dürer-Haus.

Museen: *gnm.de, nmn.de, merks-motor-museum.de, mfk-nuernberg.de* sowie *museen.nuernberg.de* für Dürer-Haus, Kunstbunker, Spielzeugmuseum, Museum Industriekultur, DB Museum, Museum Lochgefängnisse

Event: *nuernberg.de/internet/dieblauenacht*

Einkaufen: Im Dürer-Haus stehen rund 300 Kunstpostkarten mit Motiven von Werken Dürers zur Wahl.

Restaurant:

- Behringers Bratwurstglöcklein: im Handwerkerhof, Bratwürste vom Grill und Fränkisches; Handwerkerhof 11, 90402 Nürnberg, Tel. 0911 227625, *die-nuernberger-bratwurst.de*

Unterkunft:

- Elch: Boutiquehotel mit modernen Zimmern in einem alten Fachwerkgebäude nahe dem Dürer-Haus; Irrerstraße 11, 90403 Nürnberg, Tel. 0911 2492980, *hotel-elch.de*

13 Nürnberger Christkindlesmarkt

DEUTSCHLANDS SCHÖNSTER

Als eine der Mutterstädte der deutschen Weihnachtsmärkte ist Nürnberg weltbekannt. Alle lieben auf dem Christkindlesmarkt die wunderbaren Lebkuchen, die lustigen Zwetschgenmännle und natürlich die besten aller Rostbratwürste, die über Buchenholz gegrillt werden.

Ein Fest für Augen und Sinne! Der Duft von Bratwürsten und Lebkuchen liegt in der Luft, Lichtergirlanden verzaubern nicht nur Kinderaugen und leise rieselt der Schnee: Am schönsten ist der Nürnberger Christkindlesmarkt am Abend. Trotz Kaiserburg, der fünf Kilometer langen Stadtmauer und 71 Türmen, trotz Beinamen wie Meistersinger- oder Dürer-Stadt wird das mittelfränkische Zentrum in der Wahrnehmung auf zwei Wochen und eine Veranstaltung reduziert: auf Deutschlands berühmtesten Weihnachtsmarkt, den Nürnberger Christkindlesmarkt. Stets am Freitag vor dem ersten Advent läutet das von Nürnberger Bürgern gewählte Christkind am Hauptmarkt von der Empore der Frauenkirche aus dem 14. Jahrhundert mit feierlichem Prolog die Markttage ein.

Verkaufsbuden

Erst seit 1969 wird das Nürnberger Christkind für zwei Jahre gewählt. Die Bewerberinnen müssen seit Längerem in Nürnberg wohnen und sollten möglichst dort geboren sein. Weitere Anforderungen sind eine Mindestgröße von 1,60 Meter sowie Schwindelfreiheit und Wetterfestigkeit. Außerdem sollte das zukünftige Christkind „herzlich sein, offen und belastbar", sagt die Ausschreibung. Schließlich muss die himmlische Repräsentantin auch Kindergärten, Behinderten- und Seniorenheime, Krankenhäuser und andere karitative Einrichtungen besuchen. Ihren Prolog auf

Schöner Brunnen

dem Hauptmarkt lieben übrigens die Nürnberger genauso heiß und innig wie die Besucher aus aller Herren Länder …

Die Existenz des Christkindlesmarktes lässt sich bis ins Jahr 1628 zurückverfolgen. Eine Liste von 1737 gibt Hinweise darauf, dass schon damals 140 Personen Waren anboten. Und selbst die Nationalsozialisten nutzten die traditionsreiche Veranstaltung, um Nürnberg als deutscheste aller deutschen Städte zu proklamieren. An der Beliebtheit vom größten Touristenmagnet der Stadt hat der Nazi-Versuch, auch das Christkind zu vereinnahmen, aber gottlob nichts geändert. Aber der Christkindlesmarkt hat während Corona gelitten: 2020 und 2021 wurde er erstmals seit dem Zweiten Weltkrieg wieder abgesagt. Dafür avancierten die Lebkuchen und Bratwürste in Dosen zum Online-Exportschlager.

Bis zum Heiligen Abend werden jedes Jahr mehr als zwei Millionen Besucher aus aller Welt erwartet, wobei auch für die Nürnberger ein Gang durch die Budenstadt, dem Städtlein aus Holz und Tuch, Pflicht ist. 180 Holzbuden präsentieren ein traditionell gehaltenes Weihnachtsangebot vom Rauschgoldengel bis zu ganzen Krippen, von Kerzen über Spielzeug bis Kunstgewerbe. Schon 1610 wurden schließlich per Ratserlass unzüchtige Scherzartikel beschlagnahmt, die ein Drechsler zum Kindleinsbescheren angeboten hatte. Sechs Jahre später vermerkt die Chronik, dass Pfarrer Lüder am Heiligen Abend die Vesper- und Nachmittagspredigt ausfallen lassen musste, weil „wegen des Einkaufens zum Kindleinsbescheren keine Leut vorhanden gwest". Und 1729 lehnt der Rat den Vorschlag eines Goldschmieds ab, eine Lotterie auf dem Markt zu veranstalten.

Als beliebteste Mitbringsel von Deutschlands schönstem Weihnachtsmarkt liegen Nürnberger Lebkuchen und die Zwetschgenmännla ganz vorn, Figuren aus getrockneten Pflaumen. Während zwischendurch die berühmten Nürnberger Rostbratwürste nicht fehlen dürfen. Gereicht werden sie als „Dra im Weggla“, also drei Stück in einem Brötchen (siehe Tipp 15). Dazu gibt es einen kräftigen Glühwein mit Schuss. Und wer sich nicht nur stärken, sondern auch ein wenig an seinem Glück arbeiten will, der geht zum 17 Meter hohen Schönen Brunnen im nordwestlichen Teil des Platzes und dreht am nahtlos eingegitterten Goldenen Ring. Er ist allerdings eine Nachbildung des Originals von 1385. Daran drehen soll aber in jedem Fall Glück bringen – sagen die Nürnberger und glauben die Touristen. Auch das Männleinlaufen an der Frauenkirche, täglich um 12 Uhr, wird vorwiegend von Besuchern bestaunt.

Info

Lage: Der Christkindlesmarkt findet auf dem Hauptmarkt und in den angrenzenden Straßen und Plätzen statt.

Auskunft: Hauptmarkt 18, 90403 Nürnberg, Tel. 0911 23360, *christkindlesmarkt.de*

Einkaufen: an 180 Buden, Weihnachtsschmuck, Zwetschgenmännla, Lebkuchen, Spielzeug, Mützen, Handschuhe, dicke Socken ...

Restaurant:

- Bratwurst-Röslein: sehr große Wirtschaft und drittbestes Bratwurstlokal der Stadt nach dem Häusle (siehe Tipp 10) und dem Glöcklein (siehe Tipp 12); Rathausplatz 6, 90402 Nürnberg, Tel. 0911 214860, *bratwurst-roeslein.de*

Unterkunft:

- Saxx: moderne Zimmer mit Blick auf den Schönen Brunnen und zum Teil mit übergroßen Porträts, wie das von Bettina von Arnim; Hauptmarkt 17, 90403 Nürnberg, Tel. 0911 242700, *saxx-nuernberg.de*

14 Nürnbergs NS-Vergangenheit

VOM HEUTE INS GESTERN

Monumental, weitläufig, hässlich: Die Tribünen am Nürnberger Zeppelinfeld waren der beste Platz, um den Nazi-Masseninszenierungen beizuwohnen. Dort feierten sich die Faschisten. Dort jubelten hundertprozentige und auch halbe Nazis. Dabei war das, was man heute noch sieht, ja längst nicht alles: Auf elf Quadratkilometern sollte eine weit monumentalere Kulisse für die Selbstinszenierung der NSDAP entstehen.

Ist zu Hitler und dem Dritten Reich, der Nazi-Herrschaft, dem Zweiten Weltkrieg und dessen Folgen nicht alles schon gesagt? Ja. Und nein. Denn die junge Generation darf diesen schrecklichen Teil der deutschen Geschichte nicht einfach abhaken wie den vergessenen Dreißigjährigen Krieg. Die Hinterlassenschaften in Nürnberg sind Grundlage für wichtige Diskussionen.

In der Kanzel der Haupttribüne, von der einst Adolf Hitler schwadronierte, steht jetzt ein Bursche von vielleicht 16 Jahren. Seine Augen glänzen. Der Scheitel sitzt. Die Körperhaltung wirkt heroisch. Sein Blick schweift übers Gelände, erhaben, selbstbewusst. Und er sagt: „Ich kann mir das schon vorstellen, hier zu stehen, alle hören dir zu, jubeln dir zu ... Das muss schon gut sein! Egal, was man gesagt hat, die haben dir zugehört! Die haben dir geglaubt!" Er schließt die Augen, als träume er, ehe jäh von hinten ein barsches „Kannst du mal bitte aufhören damit!" kommt. Ein etwa gleichaltriges

Haupttribüne am Reichsparteitagsgelände

Mädchen stoppt den Jungen in seinen Tag- und Machtträumen und bringt eine Diskussion in Gang: Es geht um Faszination und Gewalt, deren Ursachen, Zusammenhänge und die Folgen der nationalsozialistischen Gewaltherrschaft.

Immer wieder sieht man Nürnberger Schulklassen am ehemaligen Aufmarschgelände, um das unter Schülern häufig als ein leidiges angesehene Thema, die Auseinandersetzung mit Hitler, dem Nationalsozialismus und dem Dritten Reich, in Gang zu bringen. Das scheint zu gelingen. Denn die anschließende Diskussion wird hitzig geführt und macht das vermeintlich leidige Thema auf einmal wieder aktuell: Die Jugendlichen begegnen der Vergangenheit direkt.

Die Stadt Nürnberg argumentiert ähnlich, denn sie will die Bauten auf dem ehemaligen Reichsparteitagsgelände, insbesondere am Zeppelinfeld, in ihrem heutigen Zustand erhalten. Begründung: Je weniger Zeitzeugen über die NS-Zeit berichten können, desto wichtiger werden solche authentischen Lernorte der deutschen Geschichte für die Vermittlung historisch-politischer Bildung.

Nur wenige hundert Meter von der Schulklasse entfernt am Dutzendteich: ein sonniger Frühsommertag. Die Leute hocken auf

Decken in der Wiese, kicken auf Tore, die mit Skistöcken markiert sind, weihen die Grillsaison ein, blinzeln von der Parkbank in die Sonne oder fahren Tretboot. Eine Volksparkidylle für die Nürnberger. Aber eine Idylle mit Geschichte im Hintergrund für Besucher: Sie sehen weder Bikinis oder Fußball noch Grill oder Schwanenboot. Sie sehen zunächst nur die Kulisse zur Idylle: das Reichsparteitagsgelände mit der für 50.000 Menschen konzipierten, unvollendet gebliebenen Kongresshalle, dem größten erhaltenen nationalsozialistischen Monumentalbau in Deutschland, und das Zeppelinfeld, das Aufmarschgelände der Nazis. „Reichsparteitagsgelände, Nürnberger Prozesse und der ganze Nazi-Mist. Ich kann es nicht mehr hören!", sagt ein junger Mann etwas harsch zu einem Touristen, der sich scheinbar nur erkundigen wollte. „Wie wahr, wie wahr!", pflichtet eine junge Frau bei. „Fakt ist", sagt sie, „Nürnberg lässt sich weder auf die Nazi-Vergangenheit noch auf sieben Zentimeter Bratwurst reduzieren." Der Besucher schaut verdutzt.

Kongresshalle

Man kann zwar die Nürnberger verstehen, aber natürlich auch den Gast. Er will das unter Denkmalschutz stehende Reichsparteitagsgelände mit der unvollendeten Kongresshalle sehen. In Nürnberg ist sie aufgrund ihrer Architektur auch unter dem Namen Kolosseum bekannt. Er will fragen. Sich wundern. Trauern ... Freilich wäre der beste Weg, um diesen ganzen Wahnsinn wenigstens ein bisschen besser verstehen zu können, der Gang ins Dokumentationszentrum auf dem Reichsparteitagsgelände. Nirgends bekommt man mehr Hintergründe über den Nationalsozialismus in Deutschland. Objekte, Fotos und Dokumente illustrieren die Zeit von der Machtübernahme der Nazis 1933 über die Konzentrationslager und Judenverfolgungen bis hin zu den

Dokumentationszentrum

Nürnberger Prozessen. Was waren die Reichsparteitage? Warum das Ritual und Nürnberg als Ort? Und auch das Große und Ganze wird hinterfragt: Wie konnte es überhaupt so weit kommen? Warum hat keiner gegen die „Nürnberger Gesetze" von 1935 rebelliert? Schließlich waren sie die Legitimationsgrundlage für die Diskriminierung und Verfolgung der jüdischen Bevölkerung im Nationalsozialismus und als Resultat der NS-Rassenideologie waren sie sogar die Vorstufe des Holocaust.

Schon die außergewöhnliche Architektur zeigt den deutlichen Unterschied zwischen historischem Ort, dem mächtigen Bundsandsteinbau, und der Aufarbeitung der Geschichte: Wie ein Pfeil aus Glas und Stahl bohrt sich der Kubus Dokumentationszentrum in den Nordflügel der Kongresshalle.

Ganz anders der Nürnberger Justizpalast: Dort ging es um die Aufarbeitung und Bestrafung der Nazi-Greuel. Im Saal 600 wurde Weltgeschichte geschrieben. Fast ein Jahr lang standen

Saal 600

führende Vertreter des nationalsozialistischen Regimes vor dem internationalen Gericht. Das Memorium Nürnberger Prozesse informiert am historischen Ort über die Gerichtsverfahren 1945 bis 1946, aber auch über die 1946 bis 1949 durchgeführten Nürnberger Nachfolgeprozesse sowie deren Auswirkungen auf die Entwicklung des Völkerstrafrechts. Und im Cube 600, einer ehemaligen Autowerkstatt auf dem Vorplatz des Memoriums, geht man in Sonderausstellungen auch immer wieder auf den aktuellen Rechtsradikalismus ein: das mörderische Treiben des NSU, der Anschlag von Halle, der Mord an Walter Lübcke ...

Die Stadt Nürnberg will sich mit dem Justizpalast samt Memorium und Saal 600 um den Weltkulturerbetitel bewerben.

Info

Lage: Das Zeppelinfeld liegt im Südosten des Nürnberger Zentrums.

Auskunft: Bayernstraße 110, Tel. 0911 2317538, *tourismus.nuernberg.de/sehen/sehenswuerdigkeiten/location/ehemaliges-reichsparteitagsgelaende*

Aktivitäten: in einem Teil der Kongresshalle, *nuernbergersymphoniker.de*

Museen: *tourismus.nuernberg.de/sehen/museen/verpflichtende-vergangenheit*

Restaurants:

- Gutmann: fränkische Küche mit Biergarten am Dutzendteich. Wenn der Club Fußball spielt: besser meiden oder sich ins Fangetümmel werfen ... Bayernstraße 150, 90478 Nürnberg, Tel. 0911 988187710, *gutmann-am-dutzendteich.de*
- Bootshaus am Dutzendteich: wunderbare Seeterrasse, mediterrane Kleinigkeiten, sonntags Brunch; Bayernstraße 136, 90478 Nürnberg Tel. 0911 402250, *bootshaus-nbg.de*

15 Fränkische Küche

DRA IM WEGGLA UND MEHR

Es gibt Sterneküche und Landgasthöfe, Hummer und Bratwurst und oft weiß man gar nicht, wo es und was da nun besser schmeckt. Denn beim Genuss von fränkischer Küche, begleitet von einem Bier oder unterfränkischen Wein, fühlt man sich schnell wie Gott in Franken. Und viel günstiger als die Schwurbler aus den Edelrestaurants speist man sowieso.

Die besten Rostbratwürste

Sind es nun „Sieben Zentimeter"? So heißt Jan Beinßens Nürnberger-Bratwurst-Krimi, ein Kenner der Stadt, der auch „Dürers Mätresse" nachging und „Die Schäufele-Verschwörung" aufdeckte. Oder sind es „Neun Zentimeter", wie die Ausstellung zur berühmten Bratwurst im Stadtmuseum hieß? Egal! Die besten sind die echten Nürnberger, über Buchenholz gegrillt, in jedem Fall! Die Nürnberger Bratwürste bekamen sogar ein eigenes Museum. Und Urkunden von 1595 belegen erste Erwähnungen. Wer sie im Restaurant bestellt, bekommt die Würstchen ab sechs Stück. Zwölf gibt es auf dem Zinnteller in Herzform, zumindest in Traditionsgaststätten. Und auf die Hand gibt es sie nur als „Dra im Weggla", also Drei im Brötchen ...

Dass es überall in Franken gute Bratwürste gibt, ist bekannt. Jede Region schwört auf ihr Rezept. Als da wären neben den kleinen Nürnbergern zum Beispiel die größeren Kulmbacher, Hofer und Coburger, die bis zu 18 Zentimeter langen Ansbacher und die Meterbratwurst aus Sulzfeld. Auch Blaue Zipfel sind Bratwürste, die allerdings in einen Sud aus Zwiebeln, Essig und Lorbeer eingelegt werden.

„Ich bin kein Vegetarier, das ist wohl ganz gut hier", sagte der Nürnberger „Tatort"-Kommissar Fabian Hinrichs bei seinem Dienstantritt und liegt damit schon mal ziemlich richtig. Gemüse ist in Franken eine Beilage. Abgesehen vom Spargel: Zwischen April und dem 24. Juni gibt es keine Speisekarte ohne Spargel, meist mit Kartoffeln, Kochschinken und Buttersauce. Der 24. Juni ist Johannistag. Bis zum ersten Frost sind es dann noch mindestens hundert Tage, die der Spargel braucht, um genügend Kraft für das nächste Jahr zu sammeln.

Schäufele

Doch es gibt noch so viel mehr in der fränkischen Küche zu entdecken, vom Aischgrund-Karpfen (siehe Tipp 34) oder dem Altmühltaler Lamm (siehe Tipp 39) über das Schäufele bis zum Zwetschgenbammers oder Zwiebelplotz, dem Zwiebelkuchen vom Blech. Die fränkische Küche hat viele Schätze. Einer von ihnen ist Zwetschgenbammers, ein auf Zwetschgenholz geräucherter Rinderschinken, der dem Schweizer Bündnerfleisch in nichts nachsteht.

Trotz Knurrhahnfilet – zuweilen – oder Flusskrebs – etwas öfter – gilt: Frankens kulinarische Höhepunkte sind keine überkandidelten Kreationen mit „Sößchen an ... und Schaumkrönchen von ...". Vor allem in Nürnberg gibt es zwar vom „Michelin" ausgezeichnete Sterne-Küche, allen voran das auf Vegetarisches spezialisierte „Essigbrätlein" und das modern-kreativ ausgerichtete „etz" (je zwei Sterne) oder die „Entenstuben" und „Meiers ZweiSinn" (beide ein Stern). Doch die Franken lieben ihre Gasthöfe, in denen es keine festgelegte Menüfolge oder zehnseitigen Speisekarten gibt, aber dafür eine Wirtin, die selbst aufkocht. Frankens Küche ist einfach und dennoch magisch, verführerisch und so schmackhaft, nur eben nichts oder fast nichts für Vegetarier oder Veganer. Letzter Beweis dafür: Franken stellte mit dem Nürnberger Metzgermeister Dirk Freyberger sogar den Metzger-Weltmeister 2022. Er war der erste Deutsche, der die „World Butchers Challenge" gewonnen hat.

Deftiges steht immer im Mittelpunkt: Fleischgerichte, wie das Nationalgericht der Franken, ein knuspriges Schäufele mit rohen Klößen. Die geliebten Knöchla mit Kraut, gepökeltes Eisbein, das in Sauerkraut und Kümmel gegart wird, oder die geballte Ladung einer frischen Schlachtplatte mit Blut- und Leberwürsten, was in der Gunst der Franken nur noch vom Hochzeitsessen getoppt wird: erst Rinderbrühe mit Pfannkuchenstreifen, Schwimmerle und Leberklößchen und dann Tafelspitz mit Meerrettichsauce, breiten Nudeln und Preiselbeeren. Überhaupt ist Kren, wie die Franken zu Meerrettich sagen, aus der fränkischen Küche nicht wegzudenken, weder im Gourmetrestaurant noch bei Mutter am Herd.

Was in Franken schon immer so war und nicht dem Trend geschuldet ist: Die Zutaten stammen häufig aus der Region und nicht selten aus dem eigenen Anbau oder der eigenen Zucht – ob nun Rhön-Forelle oder Aischgrund-Karpfen, Altmühltaler Lamm oder Wiesenttaler Rind. Dazu passt ein kräftiges heimisches Bier

Im Bratwursthäusle

Rindfleischstreifen und ...

... Wildgarnelen ...

... von Chefin Iu

oder ein feiner Wein aus Unterfranken. Gekrönt von einem Schnäpschen aus Kirschen, Zwetschgen oder Birnen von einer der zahllosen fränkischen Brennereien.

Bevor es süß wird zum Finale, müssen wir noch einen Abstecher in die thailändische Küche machen, denn in Nürnberg eröffnete 1972, also vor mehr als 50 Jahren, das erste thailändische Restaurant in ganz Deutschland – und zwar in Nürnberg (siehe Tipp 10): das „IU&ON", benannt nach Küchenchefin Iu Harirak und Schwester On. Beide kamen etwas später dazu, denn es war die älteste Schwester Pieroh, die die Idee und den Mut hatte, thailändische Küche nach Deutschland zu bringen. Iu hat nie Köchin gelernt, ist aber eine, die Gerichte auf den Tisch zaubert, die man manchmal sogar in Thailand vergeblich sucht. „Viele davon stehen auch in keinem Kochbuch", sagt Iu, „weil ich ja alles von meiner Mutter gelernt habe". Wie zum Beispiel das Gai Isan, das Isan-Huhn mit Tamarinden, frischen Kräutern und Klebreis oder Pad See Ew

Goong, die Wildgarnelen mit breiten gebratenen Nudeln. Trotz aller fränkischen Genüsse: ein Besuch im „IU&ON" zwischen Burg und Nordstadt ist ein Erlebnis.

Nun das Süße zum Schluss: Schon im 12. Jahrhundert gab es Lebküchner in Nürnberg. Und heute tragen Nürnberger Lebkuchen das EU-Siegel „Geschützte geografische Angabe". Sie gelten als die besten weltweit. Besonders die Elisenlebkuchen mit mindestens 25 Prozent Mandel- und Nussanteil: Sonst dürfen sie diesen Namen nicht tragen. Er geht auf Elisabeth zurück, eine Nürnberger Lebküchner-Tochter. Noch heute produzieren 18 Betriebe rund zwei Millionen Stück pro Jahr. Und ein paar davon sollte man auf jeden Fall mit nach Hause nehmen.

Info

Auskunft: Hauptmarkt 18, 90403 Nürnberg, Tel. 0911 23360, *tourismus.nuernberg.de*

Museum: *nuernberger-bratwuerste.de*

Einkaufen: Fleisch und Bratwürstchen vakuumverpackt, *mf58.de*. Lebkuchen-Bruch an den Marktständen: gleiche Qualität, halber Preis, weil manche Stücke leicht angebrochen oder ungleich sind

Restaurants: für fränkische Küche siehe Info in den Tipps 10 bis 14. Fine Dining in Nürnberg:

- Essigbrätlein: Weinmarkt 3, 90403 Nürnberg, Tel. 0911 225131, *essigbraetlein.de*
- Etz: Wiesentalstraße 40, 90419 Nürnberg, Tel. 0911 47712809, *etzrestaurant.de*
- Entenstuben: Schranke 9, 90489 Nürnberg, Tel. 0911 5209128, *entenstuben.de*
- Meiers ZweiSinn: Äußere Sulzbacher Straße 118, 90491 Nürnberg, Tel. 0911 92300823, *meierszweisinn.de*
- IU&ON: Roritzerstraße 10, 90419 Nürnberg, Tel. 0911 336767, *thai-restaurant-nuernberg.de*

Sonnenblume vor Burg Hartenstein

Nürnberger Land

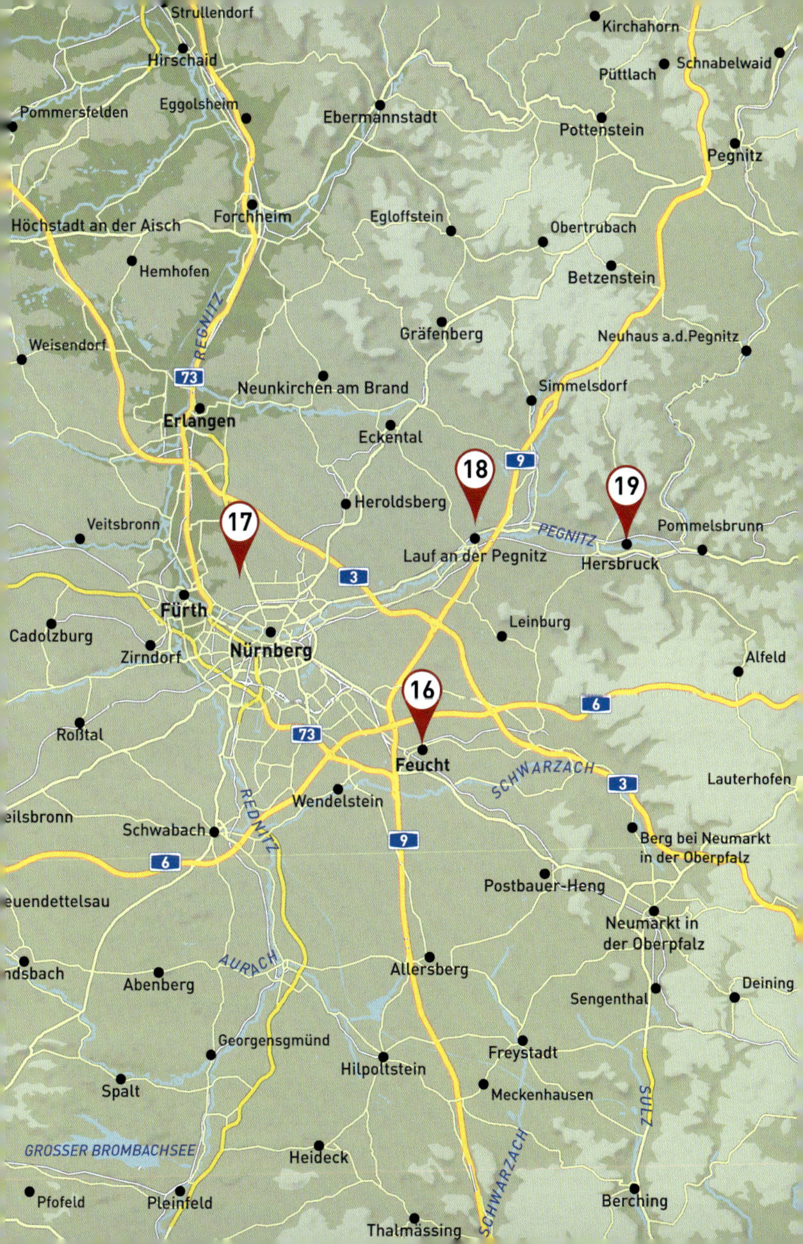
Strullendorf
Hirschaid
Eggolsheim
Pommersfelden
Ebermannstadt
Kirchahorn
Schnabelwaid
Püttlach
Pottenstein
Pegnitz
Forchheim
Höchstadt an der Aisch
Egloffstein
Obertrubach
Betzenstein
Hemhofen
REGNITZ
Gräfenberg
Neuhaus a.d.Pegnitz
Weisendorf
73
Neunkirchen am Brand
Simmelsdorf
Erlangen
Eckental
9
18
19
Heroldsberg
17
Veitsbronn
PEGNITZ
Pommelsbrunn
Lauf an der Pegnitz
Hersbruck
3
Fürth
Leinburg
Cadolzburg
Zirndorf
Nürnberg
Alfeld
16
6
Roßtal
73
Feucht
SCHWARZACH
Lauterhofen
3
Wendelstein
REDNITZ
eilsbronn
Schwabach
9
Berg bei Neumarkt
in der Oberpfalz
6
Postbauer-Heng
euendettelsau
Neumarkt in
der Oberpfalz
AURACH
ndsbach
Abenberg
Allersberg
Deining
Sengenthal
Georgensgmünd
Freystadt
Hilpoltstein
Spalt
Meckenhausen
SULZ
GROSSER BROMBACHSEE
Heideck
SCHWARZACH
Pfofeld
Pleinfeld
Berching
Thalmässing

16 Nürnberger Land

DIE ZEIDLER UND DER LEBKUCHEN

Die hügelige Landschaft im Osten von Nürnberg ist zugleich der östlichste Landkreis in Mittelfranken. Noch weiter östlich beginnt schon die Oberpfalz. Es gibt schöne Plätzchen zum Gucken und Verweilen. Außerdem ist die Großstadt Nürnberg ganz nah …

Feucht war mehrere Jahrhunderte lang Metropole des Zeidelwesens und sogar Sitz des Zeidelgerichts. Ein Großteil der Entwicklung Feuchts geht nämlich auf die Honiggewinnung und die Privilegierung der Zeidler zurück. Honig war für Jahrhunderte das einzige Mittel zum Süßen von Speisen und Getränken. Er hatte für Nürnberg eine große Bedeutung und begründete schließlich den bis heute guten Ruf als Lebkuchenstadt.

Das Wort Zeidel bedeutet Honig und zeideln heißt, die Honigwaben aus dem Stock herausschneiden. Die Zeidler waren also die Personen, die im Reichswald ihre Bienenhaltung und -wirtschaft betrieben. Der Wert eines Bienenvolkes lag Mitte des 16. Jahrhunderts bei drei Gulden. Zum Vergleich: Eine Kuh war damals fünf Gulden wert.

Schon 1296 wurde in einer Urkunde die Ernennung eines Zeidelmeisters bestätigt und auf das Zeidelgericht in Feucht verwiesen, denn die Zeidler hatten ihren eigenen Gerichtsstand. Das Zeidelgericht wurde erst 1796 aufgehoben.

Feucht selbst ist ein unscheinbarer Ort und eigentlich nur durch das gleichnamige Autobahnkreuz bekannt. Doch der Besuch im Zeidelmuseum lohnt sich, zumal man sogar einen Imkerkurs machen kann. Im Nürnberger Land, bestehend aus 27 Gemeinden findet man übrigens 23 Heimatmuseen oder Privatsammlungen ...

Zeidelmuseum in Feucht

Das Nürnberger Land ist aber auch bekannt für seine Burgen: Eine eigene Burg, ein Patrizierschloss oder zumindest ein Herrenhaus findet man in fast jedem Dorf. Allerdings sind viele der hoch-

Burg Hartenstein

herrschaftlichen Gebäude in Privatbesitz. Besichtigt werden kann aber zum Beispiel Burg Hartenstein, die um 1250 erbaut wurde: Die Ritterausstellung: „Hauen, Stechen und Hofieren – die Geschichte des Rittertums in Franken" ist einen Abstecher wert. Prunkstück der Burg ist der Rittersaal.

Unter den Schlössern ist das Schwaiger Schloss hervorzuheben. Es entstand auf einem alten Zeidelgut im Reichswald im 16. Jahrhundert. Die Gemeinde Schwaig hat darin ein Kulturzentrum eingerichtet. Das Neue Schloss in Behringersdorf ist dagegen kein klassisch pompöses Schloss, sondern ein gediegener alter Herrensitz: Einer der Besitzer der ersten Anlage war im 15. Jahrhundert Anton Tucher, Kaufmann, Bürgermeister und Mäzen der Stadt Nürnberg. Das Velhorn-Schloss zu Schnaittach wurde 1727 errichtet, ist ebenfalls ein Herrenhaus, wenngleich ein besonders schönes: ein zweigeschossiges Gebäude aus Sandsteinquadern mit hohem Walmdach. 1922 wurde es verkauft, „nachdem es dort spukte" ... Heute ist ein Jugendzentrum darin untergebracht. Und wer den höchsten bewohnten Punkt Mittelfrankens sehen will, macht sich zur 634 Meter hoch gelegenen Burg Hohenstein in Kirchensittenbach auf.

Es sind sicherlich nicht die höchsten Berge in Bayern, aber trotzdem bieten die Seven Summits des Nürnberger Landes ein paar kleine Gipfelgenüsse. Die höchsten Erhebungen sind immerhin mehr als 600 Meter hoch: der Hohenstein (634 Meter), Hochberg (619 Meter), Houbirg und Leitenberg (beide 616 Meter), Dom und Windburg (je 613 Meter) und der Arzberg (612 Meter). 2000 Kilometer gut markierte Routen warten darauf, erwandert zu werden. Neben dem Wandern (und Zeideln ...) kann man im Nürnberger Land aber auch Treideln. Das Treidelschiff „Elfriede" verkehrt auf dem Ludwig-Donau-Main-Kanal. Von einem Pferd gezogen, gleitet es gemächlich übers Wasser. Nach der Fahrt kann man sich im Museum Burgthann auf der gleichnamigen Burg über die Entstehungsgeschichte des Kanals informieren.

Die „Elfriede“

Ein letzter Grund fürs Nürnberger Land ist die Nähe zur Großstadt: Man kann das Landleben und die Ruhe genießen, ohne auf einen Besuch in Nürnberg verzichten zu müssen. Selbst mit den öffentlichen Verkehrsmitteln sind es nur rund 30 Minuten. Schließlich gehört der Landkreis zur Metropolregion Nürnberg, zu der neben Nürnberg auch die beiden anderen mittelfränkischen Großstädte Fürth (siehe Tipp 20) und Erlangen (siehe Tipp 24) zählen.

Info

Lage: Der Kreis Nürnberger Land liegt östlich der Stadt.

Auskunft: Hauptstraße 33, 90537 Feucht, Tel. 09128 91670, *nuernberger-land.de*

Aktivitäten: Treideln, *burgthann.de/leben/sehenswertes/das-treidelschiff-elfriedes*, weitere Burgen und Schlösser, *herrensitze.com*;

Museen: *zeidelmuseum.de; burg-hartenstein.com/museum.html; museum-burgthann.de*

Einkaufen: Honig im Shop des Zeidelmuseums

Restaurant:

- Touché: großer Biergarten im Hof der Burg Hartenstein; Höflaser Straße 1, 91235 Hartenstein, Tel. 09152 921678, *restaurant-touche.de*

Unterkunft:

- Landidyll Hotel Zum Alten Schloss: ruhige Lage, ländliche Atmosphäre, Restaurant; Kleedorf 5, 91241 Kirchensittenbach, Tel. 09151 8600, *zum-alten-schloss.de*

17 Knoblauchsland

21 ORTE, 91 BETRIEBE

Eines der größten zusammenhängenden Agrargebiete Bayerns liegt mitten im Städtedreieck Nürnberg, Fürth, Erlangen. Viele Dörfer wurden eingemeindet, haben ihren ländlichen Charme aber behalten. Der Spargel ist besonders beliebt …

Fast jeden Morgen zieht es Sternekoch Andree Köthe hinaus auf die Felder des Knoblauchslands, im Winterhalbjahr sogar manchmal mit Stirnlampe auf dem Kopf, um zu sehen, was gerade noch oder schon wieder wächst. „Wir haben alles, was wir brauchen, vor der Haustür", sagt der 60-Jährige vom Nürnberger „Essigbrätlein". Mit dem heutigen Klassiker Rote Beete aus dem Knoblauchsland mit Kümmelkaramell und Roquefort-Käse begann der Aufstieg des heutigen Zwei-Sterne-Restaurants (siehe Tipp 15). Seit 2007 ist das Restaurant so hoch dekoriert und Köthe sagt: „Wir haben schon immer das gekocht, was die Region uns bietet".

Bereits im Mittelalter wurde im Knoblauchsland Gemüseanbau betrieben. Das belegen Dokumente aus dem 8. Jahrhundert. Weit verbreitet waren der Anbau von Zwiebeln, Kraut, Erbsen und eben auch Knoblauch – daher auch der Name Knoblauchsland.

Gewächshaus im Knoblauchsland

Heute kommen Kartoffeln, Rettich, Tomaten, Gurken und Salate, aber auch Tabak und Erdbeeren dazu. Besonders beliebt ist der Knoblauchsländer Spargel.

Gemüse und ...

In 21 Orten bearbeiten 91 landwirtschaftliche Betriebe eine Anbaufläche von knapp 2000 Hektar, das sind beinahe 50 Prozent der Gesamtfläche des Knoblauchslands. Damit ist das Knoblauchsland eines der größten zusammenhängenden Anbaugebiete Bayerns und auch Deutschlands.

Die Dörfer sind seit Generationen vom Gemüsebau geprägt und haben trotz Stadt- und Flughafennähe ihren charmanten ländlichen Charakter bewahrt. Obgleich viele von ihnen schon seit geraumer Zeit eingemeindet wurden und Stadtteile von Nürnberg (siehe Tipp 10) sind, etwa Boxdorf, Höfles, Schnepfenreuth oder Großgründlach. Städtisch sind sie jedoch keineswegs, was die

... Salat ...

echten Städter und viele Ausflügler schätzen, die das Knoblauchsland als Naherholungsgebiet besuchen. Denn es liegt ja mitten im Städtedreieck Nürnberg, Fürth (siehe Tipp 20), Erlangen (siehe Tipp 24) ...

... vom Knoblauchsland

Info

Lage: Das Knoblauchsland liegt mitten im Städtedreieck Nürnberg, Fürth, Erlangen.

Auskunft: *knoblauchsland-gemueseland.com*

Einkaufen: bei den Betrieben vor Ort und auf Wochenmärkten

Restaurant:

- Altes Schloss: fränkische und italienische Küche, Höfleser Hauptstraße 74, 90427 Nürnberg-Höfles, Tel. 0911 381174, *gasthaus-altes-schloss.de*

Unterkunft:

- Schindlerhof: hübsche, moderne, geräumige Zimmer, es gibt sogar ein Ryokan-Zimmer! Gutes Restaurant; Steinacher Straße 6, 90427 Nürnberg-Boxdorf, Tel. 0911 93020, *schindlerhof.de*

18 Lauf an der Pegnitz

OBEN UND UNTEN

Das Städtchen lag an der Goldenen Straße von Nürnberg nach Prag und das Wenzelschloss war für Kaiser Karl IV. die westlichste böhmische Residenzburg: Beides zeigt die Bedeutung von Lauf im Mittelalter. Heutzutage sieht man ein hübsches Kleinstädtchen mit einigem Sehenswerten über und unter der Erde.

Woher der Name Lauf wohl kommt? Noch dazu mit dem Anhängsel „an der Pegnitz"? Wohl vom mittelalterlichen „loufen", weil sich an dieser Stelle der Pegnitz schon im 13. Jahrhundert Mühlen angesiedelt hatten, denn der Fluss weist dort mit sechs auf 500 Metern sein stärkstes Gefälle auf. Die Mühlen an der Pegnitz zur Nutzung von Wasserkraft mussten eben „loufen".

Im Industriemuseum, das in 14 denkmalgeschützten Gebäuden an und in der Pegnitz die Arbeits- und Lebenswelten aus mehr als einem Jahrhundert Industriegeschichte zeigt, können zu Vorführzwecken sogar zwei historische Wasserräder und eine Dampfmaschine aus dem Jahr 1902 in Gang gesetzt werden. Außerdem sind eine historische Roggenmühle, ein wasserkraftbetriebenes Hammerwerk, die Tandem-Dampfmaschine und eine komplett erhaltene Ventilfabrik zu sehen.

Lauf ist ein hübsches Kleinstädtchen, das ganz im Zeichen der Wenzelburg steht, dem ehemaligen Landsitz von Kaiser Karl IV. auf der Schlossinsel, einer Insel in der Pegnitz. Die Anlage war die westlichste Residenzburg von Karl auf damals böhmischem Boden vor den Toren der Reichsstadt Nürnberg. In der Wappenkammer ist Karls Reich in Form von mehr als hundert Wappen dargestellt: Sie stehen für Länder, Städte, Bistümer, aber auch für wichtige Familien, die der Krone Böhmens untertan waren.

Die Wenzelburg

Doch Lauf hat auch eine weitere Seite: ein weitverzweigtes Netz aus Felsenkellern mit unzähligen, zehn Meter tiefen Gewölben. Man weiß, dass sie im 17. Jahrhundert angelegt wurden, das Warum ist jedoch nicht ganz geklärt. Man vermutet, dass es Lager- und Bierkeller waren, denn die Gastwirte, die Reisende

Rathaus und ...

und ihre Fuhrwerke, Gespanne, Waren und Tiere einquartierten, hatten auch das Recht Bier zu brauen und brauchten Lagerraum.

Wie fast überall in Franken ist der Marktplatz das absolute Zentrum von Lauf, der Treffpunkt für die Menschen, der Mittelpunkt der unterirdischen Gewölbe und der Standort des freistehenden alten Rathauses: In früheren Zeiten befanden sich im Erdgeschoss Geschäfte, Brotläden oder Fleischereien, während im Obergeschoss der Sitzungssaal des Rates lag. Das Dachgeschoss diente dem Stadtkämmerer zur Lagerung der in Naturalien geleisteten Steuerabgaben.

Die beiden Stadttore begrenzen den Platz bis heute, der einst an der Goldenen Straße von Nürnberg nach Prag eine wichtige Anlaufstelle als Warenumschlagplatz, Zollstation, Wochen- und Jahrmarkt war. Mit der Vergabe der Stadtrechte durch Kaiser Karl IV. im Jahr 1355 dürften die beiden Tore, das Hersbrucker und das Nürnberger Tor, errichtet worden sein. Zuweilen lohnt am Marktplatz ein Blick hinter die Sandstein- und Fachwerkfassaden, wo sich heute reizvolle Innenhöfe mit Werkstätten aus dem späten 18. Jahrhundert befinden. Ganz eigenwillig zeigt sich der Judenturm von 1430, der als Teil der Stadtmauer die mächtigste Eckbastion war. Sein Name leitet sich von der Tatsache ab, dass Teile der Stadtmauer von jüdischen Bürgern finanziert wurden.

... Nürnberger Tor

Wie werbewirksam sich Lauf schon um 1900 in Szene setzte, zeigt dieser Auszug aus einer Festschrift: „Drei Stunden hinter Frankens Metropole, der alten, ehrwürdigen Noris, von waldgekrönten Bergen in weitem Kreise umgürtelt, zu beiden Seiten der rauschenden Pegnitz, da liegt sie, die gastfreundliche Pegnitzstadt Lauf, in reizender idyllischer Ländlichkeit, doch schon angehaucht vom geschäftlichem Treiben der nahen Großstadt und mächtig gehorchend dem vorwärtsstrebenden Fluge der Zeit". Ob man das gut 120 Jahre später auch noch so behaupten kann, muss jeder Besucher für sich selbst entscheiden. Korrigieren wollen wir aber, dass Nürnberg keine drei Stunden mehr von Lauf entfernt ist. Auf der B14 ist man nach 18 Kilometern und rund 30 Minuten am Nürnberger Bahnhofsplatz – wenn kein Stau ist …

Info

Lage: Lauf an der Pegnitz liegt etwa 18 Kilometer östlich von Nürnberg.

Auskunft: Schlossinsel , 91207 Lauf, Tel. 09123 184284, *lauf.de*

Aktivitäten: Felsenkellerführung, jeden dritten Samstag im Monat kostenfrei, *altstadtfreunde-lauf.de*

Museum: *industriemuseum-lauf.de*

Restaurants:

- Waldgasthof am Letten: gehobene Vollholzgaststätte etwas außerhalb mit Geschmacksnoten von Sauerkraut bis Zitronengras, schöne Zimmer, Letten 13, 91207 Lauf, Tel. 09123 9530, *www.waldgasthof-am-letten.de*
- Altes Rathaus: Gutbürgerliche deutsche Küche; Marktplatz 1, 91207 Lauf, Tel. 09123 2700, *altes-rathaus-in-lauf.de*

Unterkunft:

- Hotel zur Post: familiäres Hotel mit freundlichen Zimmern und gutem Restaurant; Friedensplatz 8, 91207 Lauf, Tel. 09123 9590, *hotelzurpost-lauf.de*

19 Hersbruck

DIE LANGSAME STADT

Hersbruck war 2001 die erste Cittaslow in Deutschland, die sich unter die Kleinstädte im Zeichen der Schnecke eingereiht hat. Der Ansatz der Cittaslow-Bewegung, sich der örtlichen Identität und Unverwechselbarkeit der Heimatstadt bewusst zu sein oder wieder zu werden, fiel in Hersbruck auf fruchtbaren Boden.

Cittaslow ist ein internationales Netzwerk lebenswerter Städte, das für Lebensqualität und Nachhaltigkeit steht und den Menschen in den Mittelpunkt stellt. 1999 im italienischen Orvieto gegründet, möchten die langsamen Städte, so die Eins-zu-eins-Übersetzung aus dem Italienischen (città für Stadt) und Englischen (slow für langsam), der Globalisierung in fast allen Lebensbereichen entgegenwirken: Die Städte und ihre Bewohner sollen unter ökonomischen, sozialen, ökologischen und kulturellen Aspekten lebenswerte Orte sein. In Deutschland sind derzeit 23 langsame Städte Mitglied der Vereinigung, darunter Überlingen am Bodensee, Deidesheim in der Pfalz und Nördlingen in Bayerisch-Schwaben. International sind 240 Städte und Gemeinden in 30 Ländern gelistet wie unter anderem Positano in Italien, Lagos in Portugal sowie auch einige Städte in Übersee von Australien und Neuseeland bis in die USA und Kanada.

Nach eigenen Angaben sind Lebensqualität, Entschleunigung und Nachhaltigkeit die drei großen Oberbegriffe, mit denen Hersbruck der modernen Stadt das Typische und Eigene bewahren möchte. Dazu gehört die Kultur, die Pflege des Brauchtums, das Kulinarische ebenso wie der werterhaltende Blick auf Zukünftiges und die Schonung der Umwelt.

Paddeln auf der Pegnitz

Zahlreiche Einzelprojekte hat die Stadt in den vergangenen Jahren verwirklicht. Die Gestaltung des öffentlichen Raums mit sogenannten Ruheinseln oder das Projekt Hersbrucker Miniköche sind Beispiele hierfür. Lokale Betriebe betreiben nachhaltige Wald- und Holzwirtschaft. Und das Naturschutzzentrum Wengleinpark ist ein Paradebeispiel zur Erhaltung einer naturnahen Kulturlandschaft.

Hersbrucker Wald ...

... und Fachwerk

Das im Pegnitztal gelegene Hersbruck wird zuweilen auch das Tor zur Hersbrucker Schweiz genannt. Mit den drei Stadttoren, einem erhaltenen Wehrgang und Fachwerkhäusern wartet die Altstadt mit mittelalterlichem Flair auf. Beim Spaziergang trifft man auf die Teutsche Mägdleinschule und das Deutsche Hirtenmuseum. In der Martin-Luther-Straße sieht man zahlreiche stolze Bürgerhäuser und am Mauerweg den begehbaren Wehrgang Nr. 13: Dort befand sich ab 1533 lange Zeit die Wohnung des Totengräbers, während im Fraischturm einst das Gefängnis mit Verlies und Henkerstube war, wobei der Henker aus Nürnberg (siehe Tipp 10) anreisen musste. Schön sind das Wassertor, der Wildzirkelturm und das Nürnberger Tor, das 1444 zum Abschluss der neuen Stadtbefestigung errichtet wurde. Es gibt das hübsche Rathaus, das zweitürmige Schloss, in dem heutzutage das Amtsgericht residiert, und das Schlossbräuhaus, das zuletzt als Kino genutzt wurde.

Wer bis jetzt – trotz aller Hersbrucker Anstrengungen – noch nicht die nötige Ruhe in der Cittaslow gefunden hat, kann es ja vielleicht einmal im August probieren: Beim Internationalen Gitarrenfestival gelingt es sicherlich und ganz sicher auch im Kunstmuseum, das im Einlasshaus des Spitaltorturms untergebracht ist. Bevorzugt werden Künstler ausgestellt, die in Bezug zur Region stehen. Von traditioneller Malerei und Zeichnung über bildhauerische Arbeiten bis hin zu Rauminstallationen und Konzeptkunst reicht die Palette der Ausstellungsinhalte. Im Stadtgraben unterhalb des Museums sind im Skulpturengarten zudem einige öffentlich zugängliche Plastiken zu sehen.

Lage: Hersbruck liegt etwa 30 Kilometer östlich von Nürnberg.

Auskunft: Unterer Markt 2, 91217 Hersbruck, Tel. 09151 735401, *hersbruck.de*

Aktivitäten: *naturschutzzentrum-wengleinpark.de*

Museen: *kunstmuseum-hersbruck.de; deutsches-hirtenmuseum.de*

Event: *gitarre-hersbruck.de*

Restaurants:

- Michelsberg: Ausflugslokal am Hausberg mit wunderbarer Terrasse und regionaler Küche; Hans-Sachs-Ring 21, 91217 Hersbruck, Tel. 09151 8178866, *michelsberg-hersbruck.de*
- Michelmühle: Donnerstag gibt es Schlachtschüssel; Obermühlweg 30, 91217 Hersbruck, Tel. 09151 1500, *michelmuehle.de*

Unterkunft:

- Grüner Baum: nachhaltiges Hotel, Photovoltaik für den eigenen Stromverbrauch; Kühnhofen 3, 91217 Hersbruck, Tel. 09151 609560, *gruener-baum-kuehnhofen.de*

Fürth

Das Fürther Rathaus, davor das Kunstwerk „Zugang“

Fürth

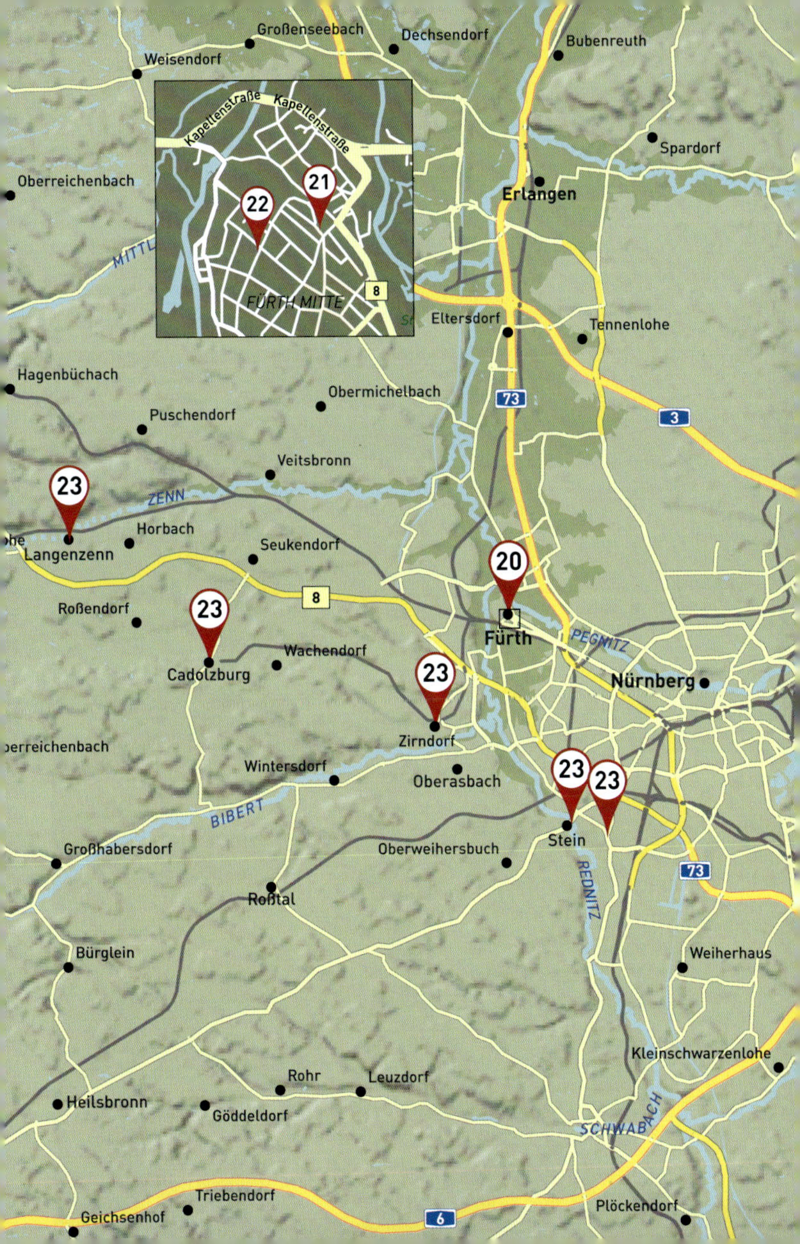

Großenseebach
Dechsendorf
Bubenreuth
Weisendorf
Kapellenstraße
Kapellenstraße
21
22
FÜRTH MITTE
8
Spardorf
Oberreichenbach
Erlangen
MITTL
Eltersdorf
Tennenlohe
Hagenbüchach
Obermichelbach
73
3
Puschendorf
Veitsbronn
23
ZENN
Horbach
Langenzenn
Seukendorf
20
Roßendorf
23
8
Fürth
PEGNITZ
Wachendorf
Cadolzburg
23
Nürnberg
Zirndorf
Wintersdorf
Oberasbach
23
23
BIBERT
Stein
Großhabersdorf
Oberweihersbuch
73
REDNITZ
Roßtal
Bürglein
Weiherhaus
Kleinschwarzenlohe
Rohr
Leuzdorf
Heilsbronn
Göddeldorf
SCHWABACH
Triebendorf
Geichsenhof
6
Plöckendorf

20 Die Fürther Innenstadt

GRAUE MAUS, GANZ BUNT

Die 120.000-Einwohner-Stadt hat mit mehr als 2000 Baudenkmälern die höchste Denkmaldichte in Bayern. Der architektonische Bogen reicht von den Altstadthäusern, die nach dem Dreißigjährigen Krieg erbaut wurden, bis Jugendstil und Gründerzeit. Dazu erklingt vom Rathausturm täglich um 12:04 Uhr per Glockenspiel „Stairway to Heaven“ ...

„Briefe an die Deppen aus Fürth kommen bei uns an und nicht im Rathaus", sagte einmal Martin Rassau ironisch, Kabarettist und Hausherr der „Comödie Fürth". „Wenn Amerikaner in Fürth sind, wollen sie alle nur das eine", meint eine Stadtführerin: „Die wollen alle das Geburtshaus von Henry Kissinger sehen, dem ehemaligen US-Außenminister". „‚Stairway to Heaven' habe ich fürs Glockenspiel ohne Rücksprache mit den Herrn im Rathaus eingespeist", erzählt Musiker Alexander Mayer, der für die Stadt ein Glockenspiel kaufte und jeden Tag seine Fürther eine Minute und sieben Sekunden lang mit der Melodie von Led Zeppelin erfreut. „Der Stadtrat hat's einfach geschluckt ..."

Drei Zitate von drei Fürthern, die zeigen: Die graue Maus im Schatten von Nürnberg (siehe Tipp 10) ist ganz schön bunt. Zumindest ist die Stadt grün, denn das grüne dreiblättrige Kleeblatt ist überall zu finden: im Stadtwappen und auf den Fußballtrikots des Zweitligisten, auf Einkaufstüten, Aufklebern an vielen Wänden und Türen. In Fürth lebten Protestanten, Katholiken und Juden friedlich zusammen, so die eine Anspielung auf die drei Blätter. Fürth sei eine bescheidene Stadt, weshalb man ein drei- und kein vierblättriges Kleeblatt im Wappen führe. Schließlich sei das Zentrum von den Flussauen von Rednitz, Pegnitz und Regnitz umgeben ... Alle drei Thesen können Gründe für das omnipräsente dreiblättrige Kleeblatt sein. Belegt ist dies aber nicht. Sicher dürfte hingegen sein, wie der Name Fürth zustande kam: Furten über die Rednitz waren wichtig für den Handel und so kam es zum heutigen Namen Fürth.

Allgegenwärtiges Kleeblatt

Die Stadt ist 300 Jahre älter als Nürnberg, wird aber heute häufig nur als Anhängsel gesehen. Und so pflegen die beiden Städte eine

Art Hassliebe zueinander, vergleichbar mit einem alten Ehepaar, das stets aneinander herumnörgelt, aber letztlich doch nicht ohne den anderen kann. Beide haben immer etwas, das dem anderen fehlt: So hatte Fürth nie eine Stadtmauer, besitzt aber 2000 Baudenkmäler. Das bedeutet die höchste Denkmaldichte von Profanbauten in Original-Bauweise in Bayern. Auch bei den Traditionen hakt es zuweilen: Immer am vierten Donnerstag im November kocht man in Fürth eine ganz besondere Suppe: die Ollapodrida, ein Eintopf mit Huhn, Ochsenfleisch, Kalbsbries sowie Gemüse, der „gut für König und Kaiser, für Fürsten und Herren" sei. Das Originalrezept dafür, so sagen die Nürnberger, stamme aber aus dem Nürnberger Kochbuch „Ein new Kochbuch" von Marx Rumpoldt aus dem Jahr 1581. Vom Club aus Nürnberg und der einstigen Spielvereinigung Fürth, heute Greuther Fürth und beide einträchtig in die Zweite Liga abgetaucht, ganz zu schweigen: für Fußballfans beider Städte das heikelste Thema überhaupt! Da sind sie fast so heißblütig wie italienische Tifosi.

Rathausturm wie in Florenz

Italien-Fans kommen in Fürth übrigens durchaus auf ihre Kosten: Mitten in der Stadt ragt auf einmal der Palazzo Vecchio aus Florenz empor. Es ist zwar nur eine Nachahmung, aber doch wirkt das Fürther Rathaus mit seinem 55 Meter hohen Turm auf den ersten Blick wie eine 1:1-Kopie des klassizistischen Rathauses der Florentiner. Was Florenz jedoch nicht hat: Eine Skulptur namens Amtsschimmel und ein Glockenspiel mit „Stairway to Heaven": Jeden Tag um 12:04 Uhr, damit es sich nicht mit dem Kirchengeläut überschneidet. Auch der Grüne Markt – so nennen die Fürther ihren Marktplatz –

Am Grünen Markt

könnte durchaus in einem italienischen Städtchen sein und dort, wo heute die Hornschuchpromenade ist, fuhr 1835 die erste deutsche Eisenbahn: ausgerechnet nach Nürnberg. Heute ist Fürth die kleinste Großstadt, also mit mehr als 100.000 Einwohnern, die über eine U-Bahn verfügt. Auch diese führt wieder nach Nürnberg: Nach 7,5 Kilometern und zehn Stationen gelangt man vom Fürther zum Nürnberger Hauptbahnhof.

Fürth ist aber auch eine Stadt bekannter Industrieller: Gustav Schickedanz gründete 1927 das bundesweit bekannte Versandhaus „Quelle". Im gleichen Jahr eröffnete ein gewisser Max Grundig – allmächd, geboren in Nürnberg – sein erstes kleines Geschäft für Radios in der Fürther Sternstraße. Aber bereits 1952 war „Grundig" Europas größter Radiohersteller und ein Weltunternehmen – mit dem Fürther Kleeblatt im Firmenlogo. Auch Leopold Ullstein, einer der bedeutendsten deutschen Verleger, wurde in Fürth geboren, ebenso wie Ludwig Erhardt (siehe Tipp 21) und Henry Kissinger, der sich bis vor wenigen Jahren gerne Fußballspiele von Greuther Fürth angeschaut hat, wenn er in Europa war.

Hornschuchpromenade

Noch heute kommen einige kleine Weltunternehmen aus Fürth, meist unbekannt wie „Leonard Kurz“. Mit Folienbeschichtungen ummantelt die Firma die meisten der in Deutschland geläufigen Kreditkarten und viele weitere weltweit.

Fürths kleinstes Haus

Von den 2000 Baudenkmälern wollen wir die in der Gustavstraße hervorheben, die Kneipenmeile der Stadt. Kein Haus gleicht dort dem anderen. Und in einem Hinterhof der alten Fabrik besetzt jedes Jahr ein Storchenpaar den Schlot. Jugendstil- und Gründerzeitgebäude findet man auf der Prachtstraße Hornschuchpromenade und Schieferhäuser in der Königstraße. Das kleinste Haus von Fürth, mit einem Zimmer oben und einem unten, steht am Waagplatz und das älteste Gebäude, die St. Michaelis-Kirche, die um 1100 erbaut wurde, am Grünen Markt. Bleibt das schöne Stadttheater, eines der prachtvollsten Gebäude von Fürth, mit Büsten von Wagner und Beethoven, Goethe und Lessing sowie Schülern des gegenüberliegenden Schliemann-Gymnasiums: Nach alter Tradition übernehmen sie allabendlich die Jobs an Türe und Garderobe.

Schieferhäuser in der Pfarrgasse

Info

Lage: Fürth grenzt nordwestlich an Nürnberg.

Auskunft: Bahnhofplatz 9, 90762 Fürth, Tel. 0911 9743500, *tourismus-fuerth.de*

Aktivitäten: Spazierengehen im Stadtpark. Wellness, Sauna, Pools, *fuerthermare.de*

Museum: *stadtmuseum-fuerth.de*

Events: Die Michaeliskirchweih Ende September hat eine 900-jährige Tradition.

Einkaufen: Grafflmarkt, ein Flohmarkt, der sich über große Teile der Innenstadt erstreckt, im Juni und September

Restaurant:

- Zum alten Rentamt: traditionsreiches Gebäude aus 1724, Gründungsort der SpVgg Fürth 1903, Gustavstraße 61, 90762 Fürth, Tel. 0911 747407, *zum-alten-rentamt.de*

Unterkünfte:

- Werner's Boutique Hotel: Design-Zimmer von weiß über romantisch bis cool-schwarz, Fine Dining in Tim's Kitchen; Friedrichstraße 20, 90762 Fürth, Tel. 0911 740560, *werners-hotel.de*
- The Niu Saddle: wohlige Wohnzimmeratmosphäre in der Lobby, Hipster-Zimmer, gutes Preis-Leistungs-Verhältnis; Gebhardtstraße 8, 90462 Fürth, Tel. 0911 8940110, *the.niu.de*

21 Ludwig Erhard Zentrum

WOHLSTAND FÜR ALLE

Die Bundesrepublik Deutschland verdankt dem Vater des deutschen Wirtschaftswunders aufgrund dessen Konzepts zur Sozialen Marktwirtschaft bis heute Erfolg und Wohlstand. Grund genug ihm ein ganzes Museum zu widmen. Ein Besuch im Ludwig Erhardt Zentrum ist so interessant wie unterhaltsam. Eine spannende Zeitreise.

Der kleine Ludwig wiegt ab und verkauft. Klein-Erna bezahlt. Und Mama strahlt dazu. Wie am Obst- und Gemüsestand oder an der Bäcker- und Metzgertheke: Am Spielnachmittag lernen Kinder im Ludwig Erhard Zentrum grundlegende wirtschaftliche Zusammenhänge. Ludwig Erhard für Kleine: spielerisch und praxisnah.

Erinnern wir uns: Ludwig Erhard, 1897 in Fürth geboren, war der wohl wichtigste Wirtschaftsminister, den Deutschland je hatte. 1949 bis 1963 begleitete er dieses Amt im Nachkriegs-Deutschland. Danach war er für drei Jahre als Nachfolger von Konrad Adenauer der zweite Bundeskanzler der Bundesrepublik. Er war damit einer der wichtigsten Politiker der Zeit und gilt als Vater des deutschen Wirtschaftswunders, weil er die Soziale Marktwirtschaft einführte.

Der LEZ-Eingang

Im 2018 eröffneten Ludwig Erhard Zentrum (LEZ) begleitet man diesen Mann zunächst in seinem Geburtshaus, wo der Vater auch ein Textilfachgeschäft führt. Der erste dunkle, fast schwarz gehaltene Raum zeigt: Wir sind im Ersten Weltkrieg. Fast kaum zu glauben: Mitten im Krieg fällt Erhard bei der Offiziersprüfung durch. Er hatte zu viele Fehler im Rechnen gemacht. An diesem Beispiel spürt man gleich: Persönliche Ereignisse sind eingebunden in die Zeitgeschichte und umgekehrt. Das LEZ macht Geschichte fassbar.

Erhard studiert bei Franz Oppenheimer, liest bei Adam Smith über die Rolle des freien Marktes, über Wert und Mehrwert und er studiert „Das Kapital" von Karl Marx. Sein Textilladen aber geht während der Weltwirtschaftskrise Konkurs.

Erhard profiliert sich aber als Wissenschaftler in der Weimarer Republik, nimmt später von den Nazis Aufträge für sein von ihm gegründetes und geführtes Marktforschungsinstitut an. Man schickt ihn in die von Hitler besetzten Gebiete, um auszuloten, wie man diese ausbeuten kann. Mitglied in der NSDAP wird er aber nicht. Und schon 1944 geht Erhard vorausschauend von einem verlorenen Krieg aus. Im gleichen Jahr verfasst er eine Denkschrift zur Schuldenkonsolidierung.

Auf der anderen Straßenseite geht es im minimalistisch gehaltenen Neubau des LEZ um den Politiker Erhard im Nachkriegs-Deutschland: Er sieht leere Schaufenster, die Währungsreform und die neue D-Mark sowie die Aufhebung der Preisvorschriften, womit über Nacht bis dahin gehortete Waren wieder auf den Markt kommen. Den sogenannten Lichtschaltereffekt erlebt man anschaulich durch eine geschickt gemachte Lichtinstallation.

Schaufenster mit Lichtschaltereffekt

Der wirtschaftliche Aufschwung, obgleich mit Auf und Abs in der Entwicklung, festigt das Vertrauen in die Demokratie. Ludwig Erhard gilt als Vater des Wirtschaftswunders und 1957 erscheint sein Hauptwerk „Wohlstand für Alle", in dem er seine Vorstellungen von Sozialer Marktwirtschaft allgemeinverständlich darlegt: Wohlstand gäbe es nur durch Wettbewerb, in dem der Konsument im Zentrum stehe. Der Staat setze die Rahmenbedingungen und sorge für Rechts- und Vertragssicherheit, aber auch für eine Absicherung im Fall des Scheiterns im Wettbewerb. Das LEZ unterstreicht diese dynamische Zeit visuell mit einer Installation: Neben einer knallroten Isetta kommt der „Konsum-Tornado" in Schwung: mit Telefon und Radio, schönen Kleidern und „Persil". So gelingt dem LEZ immer wieder eine passende Illustration zum Geschehen.

Das Zentrum zeigt aber auch Ludwig Erhards Ehrendoktorhüte, Talare und Staatsgeschenke, seine Antiquitäten, das Silberbesteck, teures Geschirr sowie Gemälde. Und auf fast allen Fotos ist Erhard mit seinem Markenzeichen zu sehen: mit einer qualmenden Zigarre – von Erinnerungsfotos mit John F. Kennedy oder Charles de Gaulle einmal abgesehen.

Die süße Isetta

So erfolgreich Erhard als Wirtschaftsminister war, so glücklos ging seine Kanzlerschaft wegen innerparteilichen Intrigen zu Ende. Die Wiege der Sozialen Marktwirtschaft wird trotzdem für immer in Fürth stehen.

Info

Lage: Ludwig-Erhard-Straße 6, 90762 Fürth, Tel. 0911 6218080, *ludwig-erhard-zentrum.de*

Aktivitäten: Spielnachmittag, letztes Wochenende im Monat

Restaurants:

- Café Luise: gemütliches Kaffeehaus mit 1950er- und 1960er-Jahre-Atmosphäre im ehemaligen Textilgeschäft der Erhards; Ludwig-Erhard-Straße 5, 90762 Fürth, Tel. 0911 62180890, *cafeluisefuerth.de*
- Zum Stadtwappen: einfaches Lokal mit fränkischer Küche; Bäumenstraße 4, 90762 Fürth, Tel. 0911 771115, *gaststaette-zum-stadtwappen.de*
- Die Kupferpfanne: gehobene Küche mit Wildgarnelen oder Milchkalb; Königstraße 85, 90762 Fürth, Tel. 0911 771277, *ew-kupferpfanne.de*

Unterkunft:

- Altstadthotel: helle, moderne Zimmer, die Altstadt ist nur wenige Gehminuten entfernt; Blumenstraße 41, 90762 Fürth, Tel. 0911 3683000, *altstadthotel-fuerth.de*

22 Kultur in Fürth

IM PAPPMACHEE-UNIVERSUM

Die kleine Großstadt oder große Kleinstadt ist kulturell so umtriebig wie deutlich größere Städte. Ob in Museen oder Galerien, ob Graffiti oder Pappmaschee: In Fürth tut sich was! Es gibt auch das erste Museum zur Frauenkultur in Bayern. Und eine interaktive Karte führt zu vielen der kleinen Schätze im öffentlichen Raum.

Batman scheint zum Abheben bereit, Marilyn Monroe, Charlie Chaplin und Elvis Presley zeigen sich in jeweils typischer Pose. Und fürs Foto gesellt sich Christiane Altzweig zwischen Marilyn und Charlie: Denn die Künstlerin hat all diese Figuren erschaffen – aus Pappmaschee. Auch Mona Lisa, die auf einem Stuhl sitzt: „Meine Mona Lisa kann man wenigstens anfassen", sagt die gebürtige Regensburgerin mit einem Schmunzeln. „Das Material ist leicht, aber stabil zugleich und da ich Menschen gestalten wollte, fand ich Pappmaschee ideal". 2008 verkaufte sie ihr erstes Stück für wenig Geld. Inzwischen nimmt sie knapp 2000 Euro für eine mannsgroße Pappmaschee-Figur. „Wenn ich durcharbeite, kann ich einen Elvis oder Michael Jackson in einer Woche modellieren", sagt die 52-Jährige, die seit Langem in Fürth lebt und arbeitet. Gerade ist sie am Butler von Miss Sophie aus dem Silvester-Klassiker „Dinner for One". Es gibt aber auch kleine Pappmaschee-Figuren zu kaufen, ab etwa 30 Euro. Doch egal wie groß oder klein: Alles ist aus Zeitungspapier gemacht mit etwas Alu-Folie für den Halt. Ein bisschen Kleber und Kleister dazu, Farben, Pinsel und fertig ist Christianes Pappmaschee-Universum.

Charlie, Christiane und Marilyn

Im Fürther Rathaus stehen zehn Persönlichkeiten der Stadt aus Pappmaschee, darunter Ludwig Erhard (siehe Tipp 21) oder der Industrielle Max

Ente, Elvis und mehr

Grundig, die von Christiane Altzweig erschaffen wurden. Auch im Nürnberger Spielzeugmuseum (siehe Tipp 12) ist sie mit Albrecht Dürer vertreten.

Ein Mann betritt Christianes kleines Atelier in der Theaterstraße. Es ist ihr Freund und gleichzeitig der Musiker, dem Fürth sein Glockenspiel mit der Melodie „Stairway to Heaven" von Led Zeppelin zu verdanken hat (siehe Tipp 20): Alexander Mayer, der die ehemalige Wohnung des in Fürth geborenen Schriftstellers Jakob Wassermann bewohnt. Fürth ist eben überschaubar und die Wege sind kurz, auch zu vielen der mehr als 2000 Baudenkmälern, die Fürth die höchste Denkmaldichte in Bayern beschert. Die interaktive Kulturkarte der Künstlerin Sascha Banck zeigt ebenfalls, wie nah die verschiedenen Kulturorte zueinander liegen, von ihrem eigenen Atelier Banck über das Stadttheater bis zu einzelnen Werken wie „Zugang", einem Kupferrelief von Thomas Besenbeck am U-Bahn-Eingang „Rathaus" (siehe Foto S. 132/133).

Frei Luft Galerie ...

... im Sommer

Ob flächenmäßig große Werke wie das an der Feuerwache und das am Europakanal oder kleinere überall in der Stadt: Fürth besitzt eine bunte Graffiti-Szene. Auch das Projekt „Frei Luft Galerie", bei dem Kunstwerke im öffentlichen Raum in den Sommermonaten zu sehen sind, und die hohe Dichte an Ateliers und Galerien, immerhin 85 an der Zahl, zeigen, dass Kultur in Fürth groß geschrieben wird. Die Stadt leistet sich sogar eine Atelierförderung, wie sie sonst nur Großstädte wie Nürnberg, München, Stuttgart oder Köln haben. Fürth möchte seine Künstler sichtbar machen und stellt ihnen auch Räumlichkeiten in der Innenstadt zum

Arbeiten zur Verfügung. Ergänzend dazu zeigt die Kunst Galerie Fürth in wechselnden Ausstellungen Werke namhafter Künstler.

Unter den Museen in Fürth sind das Kriminalmuseum mit spektakulären Kriminalfällen und das Rundfunkmuseum zu erwähnen, in dem es von den Anfängen des Radios bis zum Fernsehen der Gegenwart geht. Allerdings in den kommenden Jahren nur digital, da das Gebäude wegen Baumaßnahmen für einige Zeit geschlossen sein wird.

Eine Sonderstellung nimmt das erste Museum zur Frauenkultur in Bayern ein: In Wechselausstellungen beleuchtet das Museum Frauenkultur – es ist nur eines von sechs dieser Art in Deutschland – Lebensgeschichten, Frauenkulturen und Frauenalltag aus überraschenden Perspektiven, wobei so manche Lebenswelt, die weit entfernt zu sein scheint, so manches Mal greif- und spürbar nahe ist.

Info

Lage: Das Pappmaschee-Universum ist in der Theaterstraße 20, 90762 Fürth.

Aktivitäten: Kulturrundgang mit der interaktiven Kulturkarte *senf.xyz*

Museen: *kunst-galerie-fuerth.de, kriminalmuseum-fuerth.de, rundfunk-museum.de, frauenindereinenwelt.de*

Events: Frei Luft Galerie im Sommer

Einkaufen: *pappmaschee-universum.de*

Restaurants:

- Zu den sieben Schwaben: Kässpatzn und deutsche Küche, Otto-Seeling-Promenade 20, 90762 Fürth, Tel. 0911 54830516, *sieben-schwaben-fuerth.de*
- Grüner Brauhaus: zünftiges Wirtshaus, Dienstag mit Schlachtschüssel; Comödien-Platz 1, 90762 Fürth, Tel. 0911 74929947, *gruener-brauhaus.com*

23 Rund um Fürth

BLEISTIFTE AUS STEIN

14 Gemeinden gehören zum Landkreis Fürth, die von einem 25 Meter hohen Bleistift über viele kleine Bleistifte, einen bekannten Funpark sowie eine große Saunalandschaft auch die wunderbare Cadolzburg zu bieten haben.

Wer seinen Bleistift genauer betrachtet, stellt häufig fest: Er ist ein „Faber-Castell“ und kommt aus Stein in Franken. Seit dem Mittelalter ist der Ort durch seine Bleistiftmühlen und die Bleistiftindustrie bekannt. Standesgemäß residiert „Faber-Castell“ in einem schönen Schloss, anmutend mit romanisierenden Bögen, Säulen und Türmen: ein Zeugnis aristokratischer Wohnkultur aus der Zeit um 1900. Doch nach Stein fährt man auch, um eine der schönsten Saunalandschaften Bayerns zu genießen: Das „Palm Beach“ verfügt über rund 20 Saunen; besonders attraktiv ist das Blockhaussaunadorf im Freien.

Einen Bleistift der ganz besonderen Art besitzt Cadolzburg: Er ist 25 Meter hoch und wurde 1893 erbaut. Der Aussichtsturm, im Volksmund eben liebevoll Bleistift genannt, lockt wegen seiner schmalen Form Deutlich älter und viel mächtiger zeigt sich die Hohenzollern-Burg in Cadolzburg, wo sich Groß und Klein in den Gemäuern und im Burgerlebnismuseum schnell wie Ritter und Prinzessin fühlen. Die ältesten erhaltenen Bauteile der beeindruckenden Anlage datieren aus den Jahren um 1250. Einer Zeitreise ins Mittelalter steht also nichts im Wege.

Der Bleistift von Cadolzburg

Wer den Überblick bewahrten möchte, fährt weiter nach Zirndorf, wo hoch über dem Ort der Turm der Alten Veste in die Höhe ragt. Die Veste aus dem Dreißigjährigen Krieg wurde in den 1980er-Jahren wiederaufgebaut. Auf der Aussichtsplattform hat man einen herrlichen 360-Grad-Blick über Zirndorf bis Fürth (siehe Tipp 20) und Nürnberg (siehe Tipp 10). Für Kinder ist die Veste natürlich das Langweiligste von der Welt, wissen sie doch, dass in Zirndorf ein echtes Paradies wartet: der Playmobil-Funpark.

Schließlich bietet auch Langenzenn noch einen Turm: Den Lindenturm, der vermutlich im 12. Jahrhundert erbaut wurde. Im ehemaligen Wachturm sind die Wohnküche und der Arbeitsraum des Türmers mit Einrichtung und verschiedenen Geräten untergebracht. Zudem sehenswert: das ehemalige Augustiner Chorherrenstift.

Burg Cadolzburg

Lichtung bei Oberasbach

Info

Lage: Der Landkreis Fürth schließt sich westlich an Fürth und Nürnberg an.

Auskunft: *erlebnis-landkreis-fuerth.de* mit allen Tourist-Info-Adressen der Orte im Landkreis

Aktivitäten: *palm-beach.de, playmobil-funpark.de*

Museen: *faber-castell.de, burg-cadolzburg.de*

Restaurant:

- Altes Spital: historische Gemäuer, gehobene internationale Küche; Alter Kirchplatz 4, 90547 Stein, Tel. 0911 687939, *altes-spital-stein.de*

Unterkunft:

- Landhotel Seerose: radlerfreundliches Hotel, gutes Restaurant; Gräfenweg 13, 90579 Langenzenn, Tel. 09101 90940, *hotel-seerose.de*

Erlangen und Erlangen-Höchstadt

Studentenfest am Erlanger Schlossplatz

Erlangen und Erlangen-Höchstadt

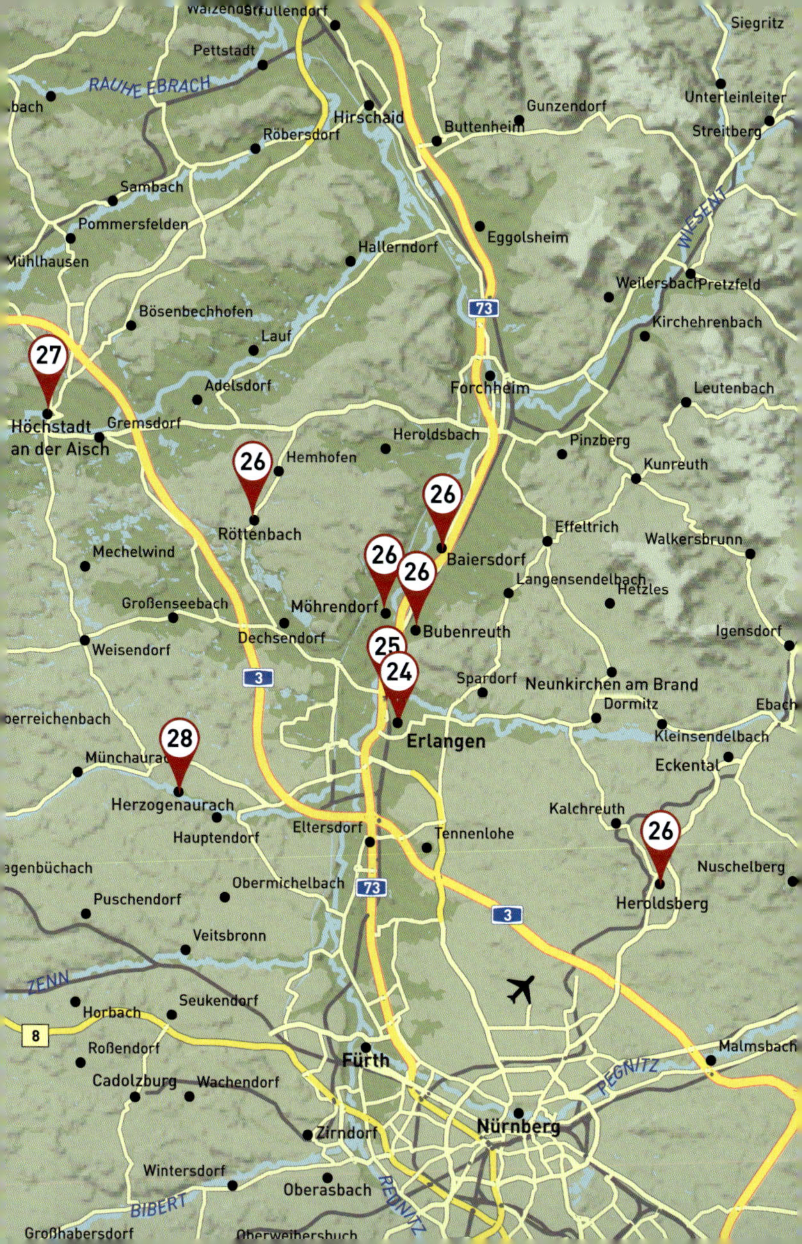
Strullendorf
Pettstadt
Siegritz
RAUHE EBRACH
Hirschaid
Gunzendorf
Unterleinleiter
Buttenheim
Streitberg
Röbersdorf
Sambach
Pommersfelden
Mühlhausen
Hallerndorf
Eggolsheim
WIESENT
Weilersbach
Pretzfeld
Kirchehrenbach
73
Bösenbechhofen
Lauf
27
Adelsdorf
Forchheim
Leutenbach
Höchstadt an der Aisch
Gremsdorf
Heroldsbach
Pinzberg
26
Hemhofen
Kunreuth
Röttenbach
Effeltrich
Walkersbrunn
Baiersdorf
Mechelwind
Langensendelbach
Hetzles
Großenseebach
Möhrendorf
Bubenreuth
Dechsendorf
Igensdorf
Weisendorf
25
24
3
Spardorf
Neunkirchen am Brand
Dormitz
Ebach
28
Erlangen
Kleinsendelbach
Münchaurach
Eckental
Herzogenaurach
Kalchreuth
Hauptendorf
Eltersdorf
Tennenlohe
Nuschelberg
Obermichelbach
Heroldsberg
Puschendorf
Veitsbronn
ZENN
Horbach
Seukendorf
8
Roßendorf
Fürth
Malmsbach
Cadolzburg
Wachendorf
PEGNITZ
Nürnberg
Zirndorf
Wintersdorf
Oberasbach
REGNITZ
BIBERT
Großhabersdorf

24 Erlangen

STADT DER HUGENOTTEN

Mit 113.000 Einwohnern ist Erlangen die kleinste der acht bayerischen Großstädte. Für den Weltkonzern „Siemens“ stellt die Stadt einen bedeutenden Standort dar. Kulturbeflissene sehen das Markgräfliche Schloss und Süddeutschlands letzte bespielte Barockbühne als Muss. Und wer feiern möchte, darf die in ganz Bayern bekannte Bergkirchweih auf keinen Fall verpassen.

Wer waren eigentlich diese Hugenotten? Kurz auf einen Nenner gebracht: Hugenotten sind Protestanten aus Frankreich, die geflohen sind, als Sonnenkönig Ludwig XIV. 1685 das „Edikt von Nantes" aufhob und damit den Protestanten im katholischen Frankreich letztlich ihre religiöse Freiheit und ihre Bürgerrechte nahm. 200.000 flohen aus Frankreich, weil der Katholizismus als Staatsreligion manifestiert wurde. Etwa 40.000 Hugenotten fanden ihren Weg nach Deutschland, davon gingen 1500 nach Erlangen. Markgraf Christian Ernst, ein Spross aus dem Hause Hohenzollern, gewährte ihnen Asyl. Markgräfliche Soldaten klopften an die Haustüren und sagten, dass Flüchtlinge aufgenommen werden müssten. Wer nein sagte, hatte ein Problem ... Bald ließ er für die neuen Gemeindemitglieder eine Siedlung mit schachbrettartigem Grundriss anlegen. Allein im ersten Jahr der beginnenden Bauphase wurden 50 Häuser fertiggestellt. Die Hugenotten bekamen Privilegien, von denen Einheimische nur träumen konnten, etwa kostenfreies Baumaterial. Aber die Neuen brachten sich auch ein und das Handschuh- und Strumpfmacher-Gewerbe mit. Damit wurde die Stadt allmählich zur wirtschaftlich bedeutendsten Stadt im Fürstentum von Markgraf Christian Ernst.

Bis heute ist die evangelisch-reformierte Kirche die größte Kirchengemeinschaft in Erlangen. Und die Gottesdienste werden in der Hugenottenkirche (siehe Foto links) abgehalten: Sie zählt zusammen mit der Altstädter und der Neustädter Kirche zu den großen drei Kirchen in Erlangen. Die Hugenottenkirche mit ihrem 52 Meter hohen Turm war das erste Gotteshaus der Hugenotten außerhalb Frankreichs und wurde ebenfalls von Markgraf Christian Ernst bis 1693 erbaut.

Heute wird Erlangen vor allem durch zwei Faktoren geprägt: die Friedrich-Alexander-Universität (siehe Tipp 24) und die „Siemens AG", die Erlangen zu einem starken Wirtschaftsstandort gemacht hat. Der Entwicklungs- und Verwaltungsstandort Erlangen ist der größte der „Siemens AG" weltweit, obgleich der

Sitz des Unternehmens in München ist. Vor allem die Bahn- und Verkehrstechnik, Einheiten der Industriesparte, Forschung und Entwicklung sowie die börsennotierte Tochter „Siemens Healthineers" sind in Erlangen angesiedelt. Im Süden wurde 2022 auf dem ehemaligen „Siemens"-Forschungsgelände ein neuer, lebendiger Stadtteil gebaut. Die mit moderner Büroinfrastruktur

Universitätsbibliothek

ausgestatteten Gebäude bilden mit großzügigen Grün- und Freiflächen, Gastronomie-, Einkaufs- und Service-Angeboten einen attraktiven Campus für das moderne Arbeiten von heute und morgen. Da Forschung und Wirtschaft in unmittelbarer Nähe beieinander liegen und eng zusammenarbeiten, gilt Erlangen auch als Medizinstadt. Im MedMuseum werden die wichtigsten Schritte von Werner Siemens' erster medizinischer Erfindung 1844 bis zu moderner Medizintechnik skizziert.

In den 1970er-Jahren überschritt Erlangen die Grenze von 100.000 Einwohnern und wurde zur kleinsten Großstadt Bayerns, hinter München, Nürnberg (siehe Tipp 10), Augsburg, Regensburg, Ingolstadt, Fürth (siehe Tipp 20) und Würzburg. Mit

Schlossgarten mit Orangerie

inzwischen 113.000 Einwohnern bildet Erlangen zusammen mit Nürnberg und Fürth die europäische Metropolregion Nürnberg.

Markt- und Schlossplatz gehen in Erlangen fast nahtlos ineinander über: Zeigt sich der Marktplatz mit seinem figurengeschmückten Paulibrunnen von 1886 und dem Barockbau Palais Stutterheim von 1730 schon ansprechend, wird es auf dem Schlossplatz noch pompöser: Vom Schlossplatz mit seinem barocken Markgräflichen Schloss von 1704, wo die Universität seit 1743 ihren Sitz hat, dem schönen Schlossgarten mit dem etwas eigenwilligen Hugenottenbrunnen und der Orangerie, in der auch Universitätsinstitute untergebracht sind, kommt man gleich weiter zu Süddeutschlands letzter bespielten Barockbühne, dem Markgrafentheater. 1957 kam es zur Diskussion über einen möglichen Abriss des Theaters, der

Hugenottenbrunnen

Markgrafentheater

Stadtrat stimmt jedoch für den Erhalt: Das wunderschöne Theater mit drei Rängen konnte fortbestehen.

Eine große Bühne bietet aber nicht nur das Markgrafentheater, sondern auch der „Berch", womit der Burgberg gemeint ist, der allerdings eher einem Hügel im Wald gleicht. Zu Pfingsten gibt es die ganz große Party, wenn rund zwei Wochen lang die Erlanger Bergkirchweih gefeiert wird: 2025 zum 270. Mal. Damit ist die Erlanger Bergkirchweih sogar 55 Jahre älter als das Münchner Oktoberfest! Hier wie dort heißt es: Feiern ohne Ende ... Die Bergkirchweih ist schließlich auch eines der größten Volksfeste Bayerns: Bier aus Maßkrügen, leckere Bratwürste, riesige Brezn, Tanzen auf Bierbänken, das höchste transportable Riesenrad Europas, Achterbahn und weitere Fahrgeschäfte. Es soll Erlanger geben, die sich zwölf Tage freinehmen, um jeden Abend „auf ´n Berch" zu gehen ... Genau genommen ist die Bergkirchweih aber keine Kirchweih. 1755 ging sie aus dem traditionellen Vogelschießen der Schützenvereine und dem Pfingstmarkt hervor. Das Vogelschießen hat sich bis heute gehalten: Am Berg-Dienstag treffen sich die Schützen, um einen hölzernen Vogel abzuschießen.

Bergkirchweih

Aber auch ohne Bergfest lohnt sich ein Besuch am „Berch", zum Beispiel um den Skulpturengarten mit 17 skurrilen Plastiken des Erlanger Künstlers Heinrich Kirchner sehen. Zurück in der Altstadt – vom „Berch" sind es etwa 15 Minuten zu Fuß – schlendert man noch ein wenig durch die Gässchen und ist sich schließlich sicher: Erlangen ist mehr als nur ein Universitäts- und Wirtschaftsstandort. Die Erlanger wissen nämlich auch, wie man gut leben und feiern kann!

Info

Lage: Erlangen liegt etwa 15 Kilometer nördlich von Nürnberg.

Auskunft: Goethestraße 21, 91054 Erlangen, Tel. 09131 89510, *erlangen.info*

Aktivitäten: Dechsendorfer Weiher zum Segeln, Surfen, Schwimmen, Chillen, Grillen

Museum: *medmuseum.siemens-healthineers.com*

Events: Bergkirchweih, *derbergruht.de*

Restaurants:

- Alter Simpl: urige Stubenwirtschaft mit Terrasse, hausgemachte Bratwürste vom Buchenholzfeuer und andere fränkische Spezialitäten, zum Teil auf dem Holzbrett serviert; Bohlenplatz 2, 91054 Erlangen, Tel. 09131 25626, *alter-simpl.com*
- Entla's Keller: typischer Erlanger Bierkeller mit Haxe, Hendl, Ente vom Grill; An den Kellern 5, 91054 Erlangen, Tel. 09131 22100, *entlaskeller.de*

Unterkunft:

- Novotel: modernes Hotel mit schicken Zimmern, Terrasse; Hofmannstraße 34, Tel. 09131 97470, *all.accor.com*

25 Universität Erlangen

WARTEN AUF DEN ANRUF …

Jedes Jahr im Herbst warten Wissenschaftler in aller Welt auf einen Anruf aus Stockholm. Dann nämlich gibt die Nobelstiftung die Träger der Nobelpreise bekannt. Und das schon seit 1901. Als Harald zur Hausen im Herbst 2008 den Hörer abnahm, war es soweit: Erlangen hatte seinen vierten Nobelpreisträger. Der Professor bekam die Auszeichnung für die Entdeckung der humanen Papillomviren, die Gebärmutterhalskrebs auslösen können. Die Grundlagen für seine Forschung legte er in seiner Zeit an der FAU. Emil Fischer holte die renommierte Auszeichnung schon 1902, Eduard Buchner fünf Jahre später und Arthur Harden 1929 – allesamt auf dem Gebiet der Chemie.

Erlangen ist bereits seit 1743 Universitätsstadt und die Friedrich-Alexander-Universität ist nach der Münchner LMU die zweitgrößte im Freistaat: Jeder dritte Einwohner ist Student und vier Nobelpreisträger kamen von der FAU, deren Sitz das barocke Schloss der Stadt ist.

Markgraf Friedrich III. von Brandenburg-Bayreuth gründete die Universität 1743 und benannt ist sie seit 1769 nach ihrem Gründer und ihrem späteren Förderer Karl Alexander von Ansbach-Bayreuth. 1961 erfolgte die Angliederung der Nürnberger Hochschule für Wirtschafts- und Sozialwissenschaften; seitdem trägt die Universität offiziell die Ortsbezeichnung Erlangen-Nürnberg. Mit 35.000 Studenten – bei nur

113.000 Einwohnern! – ist die FAU die zweitgrößte Universität in Bayern und sechstgrößte in Deutschland, nach München, Köln, Hamburg, Münster und Berlin. Berühmte Studenten waren die Philosophen Johann Gottlieb Fichte, Friedrich Wilhelm Schelling und Ludwig Andreas Feuerbach, der Physiker Hans Geiger, der Erfinder des Geigerzählers, und Ex-Bundeskanzler Ludwig Erhard (siehe Tipp 21). Karl Hegel war Begründer des Historischen Seminars. Und die Philosophische Fakultät ist die größte der insgesamt fünf Fakultäten in Erlangen.

Erlangens Schloss

Der Sitz der Uni könnte repräsentativer nicht sein: im Markgräfliche Schloss (siehe Tipp 24) im Zentrum der Stadt. In der Orangerie sind zwei Institute untergebracht und der Schlossgarten ist im Sommer wahrscheinlich das meistbesuchte „Seminar" …

Info

Lage: Die Universität befindet sich im Markgräflichen Schloss Erlangen.

Auskunft: *fau.de*

Event: Schlossgartenfest im Juni/Juli, mit 6000 Teilnehmern eines der größten Gartenfeste Europas

Restaurant:

- Die Hex: Schlager- und Oldiekneipe, Kleinigkeiten zu Bier oder Wein; Innere Brucker Straße 7, 91054 Erlanen, Tel. 09131 4051195, *die-hex-erlangen.de*

Unterkunft:

- Stadthaus: heimelige Atmosphäre, Zimmer mit Stil; Henkestraße 4, 91052 Erlangen, Tel. 09131 9743071, *stadthaus-erlangen.de*

26 Erlangen-Höchstadt

SCHLÖSSER, STÖRCHE UND DER KICK DES JAHRHUNDERTS

Möhrendorf hat seine Wasserschöpfräder, Heroldsberg und Marloffstein haben ihre Schlösser, Bubenreuth hat die kleinste spielbare Geige der Welt und Röttenbach seine Störche, die jedes Jahr auf einem Kamin ihr Zuhause finden. Fußball-Freunden wird aber besonders der Name Vestenbergsgreuth in Erinnerung sein.

Ein Landkreis, zumal mit einem Doppelnamen wie Erlangen-Höchstadt, sieht man als Besucher meistens nur als eine nichtssagende und nichts versprechende geopolitische Einheit an (Erlangen siehe Tipp 24, Höchstadt siehe Tipp 27). Dass in diesem Fall die Orte des heutigen Landkreises urkundlich erstmals schon um das Jahr 1000 erwähnt wurden, lässt jedoch aufhorchen. Die im Mittelalter so wichtigen und zum Teil heute noch betriebenen Wasserschöpfräder an der Regnitz bildeten bereits damals eine Art Wirtschaftsgemeinschaft, die sich scheinbar erfolgreich gehalten hat: Im „Zukunftsatlas 2019" belegte der Landkreis Erlangen-Höchstadt Platz 20 von 400 Landkreisen, Kommunalverbänden und kreisfreien Städten in Deutschland. Er zählt damit zu den Regionen mit „sehr hohen Zukunftschancen", wie es in dem Bericht heißt.

In Möhrendorf kann man noch einige dieser alten Wasserschöpfräder sehen. Sie schöpfen das wärmere und sauerstoffreiche Oberwasser ab und machen dadurch die anliegenden Felder besonders ertragreich. Die Möhrendorfer Wasserschöpfräder sind seit Anfang des 15. Jahrhunderts belegt. Um 1800 waren an der Regnitz auf einer Länge von 25 Flusskilometern etwa 190 solcher Schöpfräder in Betrieb, so viele wie an keinem anderen Fluss in Mitteleuropa. Die wuchtigen Holzkonstruktionen werden heutzutage zu Beginn der Sommersaison aufgestellt und am Ende der Saison abgebaut und eingelagert.

Wasserschöpfrad

Sie wiegt nicht einmal zwei Gramm, ist 59 Millimeter groß und in Bubenreuth kann sie im Geigenbaumuseum bestaunt werden: die kleinste spielbare Geige der Welt. Heroldsberg ist dagegen nicht nur durch vier historische Schlösser bekannt, sondern auch weil sich kein Geringerer als Albrecht Dürer von der Ortschaft inspirieren ließ. Das Museum im Weißen Schloss Heroldsberg informiert zu Ortsgeschichte und Kunst. Interessant ist der moderne Treppen-

Weißes Schloss Heroldsberg

turmanbau. Ebenfalls vier Schlösser bietet Marloffstein: Schloss Marloffstein, Schloss Adlitz mit Türmchen, Schloss Atzelsberg und Schloss Rathsberg. 1288 gründete Graf Herman Celarius de Marrolstein den Ort. Gegen Ende des 18. Jahrhunderts gab es in Marloffstein 34 Anwesen, inklusive Hochgericht. In Gremsdorf ist vielleicht das ehemalige Amtsschloss von Interesse und zusammen mit der Sankt-Andreas-Kirche bildet das benachbarte Hallerschloss in Kalchreuth, ein ehemaliges Wasserschloss einer Nürnberger Patrizierfamilie von 1395, ein bedeutsames Bauensemble. In Heßdorf ragt zudem eine burgähnliche Kirche in den Himmel.

Auf Störche trifft man im Aurachtal und in Röttenbach. Schon seit 1946 sind Storchenbruten in Röttenbach belegt. Dort haben sie sogar eine Storchen-Cam eingerichtet: Die Tiere brüten jedes Jahr ab Ende März bis April auf dem Kamin der „Brauerei Sauer“. Lediglich von 1970 bis 1979 waren keine Störche da … Niemand weiß warum.

Nach Baiersdorf fährt man, um etwas über Meerrettich zu erfahren. Schließlich wird die Wurzel der Pflanze nicht nur als Gemüse und Gewürz, sondern auch in der Pflanzenheilkunde verwendet. Am besten kommt man am dritten Sonntag im September, wenn der Baiersdorfer Krenmarkt stattfindet. Dann gibt es am Markt Meerrettichgerichte wie Krenfleisch mit Kloß, Krensüppchen oder Krenbrot. Und die Meerrettichkönigin lernt man vielleicht auch noch kennen …

Krenweiber am Baiersdorfer Krenmarkt

Schließlich gehört zum Landkreis Erlangen-Höchstadt noch ein ganz besonderer Ort: Vestenbergsgreuth. Eine Gemeinde mit 1500 Einwohnern, die blitzartig in ganz Deutschland berühmt wurde, weil der örtliche TSV den großen FC Bayern München mit Oliver Kahn im Tor, Lothar Matthäus und Mehmet Scholl im zentralen Mittelfeld aus dem DFB-Pokal-Wettbewerb warf. Mit 1:0 schon in der ersten Runde! Das Spiel fand an einem Sommer-Sonntag 1994 in Nürnberg (siehe Tipp 10) vor fast 25.000 Zuschauern statt und es ist ein Wunder, dass die Vestenbergsgreuther dem Torschützen Roland Stein kein Denkmal gebaut haben. Unter Denkmalschutz steht dafür das Schloss Vestenbergsgreuth, ein Sandsteinbau von 1785.

Info

Lage: Der Kreis Erlangen-Höchstadt liegt nordwestlich von Erlangen.

Auskunft: *erlangen-hoechstadt.de*

Aktivitäten: Baiersdorfer Badesee

Museen: *bubenreutheum.de/museum, weisses-schloss-heroldsberg.de*

Event: Krenmarkt, *baiersdorf.de*

Restaurants:

- Gasthof zum Storchennest: Meerrettichsuppe, -schnitzel und Krenfleisch; Hauptstraße 39, 91083 Baiersdorf, Tel. 09133 6077969, *gasthof-storchennest.de*
- Rotes Roß: Schäufele, Wild, Spargel, Biergarten und Zimmer; Hauptstraße 10, 90562 Heroldsberg, Tel. 0911 95650, *rotesross-heroldsberg.de*

Unterkunft:

- Landgasthof Mörsbergei: schöne, ruhige Lage, einfache, aber nett gemachte Zimmer, gemütliches Restaurant; Hauptstraße 14, 91088 Bubenreuth, Tel. 09131 9263288, *moersbergei.de*

27 Höchstadt an der Aisch

AN DER SCHNITTSTELLE

In der Nähe von Höchstadt treffen die Regierungsbezirke von Unter-, Mittel- und Oberfranken zusammen. Das 13.000-Einwohner-Städtchen selbst hat Charme: mit Torturm und Kopfsteinpflaster, Alter Aischbrücke und Markt mit Fußgängerzone.

Die kurze Fahrt von der Autobahn ins Zentrum von Höchstadt ist, wie so oft, geprägt von Tankstellen, Baumärkten und Lagerhäusern. Schlendert man aber durch den hohen Bogen des Stadttors (siehe Foto links), wird es heimelig: Der dahinter gebaute Turm gilt als das Wahrzeichen der Stadt, ein Stadtmauerturm aus dem 14. Jahrhundert mit barocker Achteckhaube. Ein stimmiges Entree auf Kopfsteinpflaster … Die Stadtmauer schützte nur die Kernstadt, nicht aber die Vorstädte. Sie war ursprünglich von einem Wassergraben umgeben und mit einem Wehrgang versehen. Gebaut wurde sie von den Bürgern. Sie waren dazu dem Landesherrn, dem Fürstbischof von Bamberg, verpflichtet.

Marien-Statue

Schon 1382 bekam Höchstadt das Marktrecht verliehen. Und Märkte finden bis heute statt: jeden Samstag und Mittwoch ein Bauernmarkt und jeweils einmal jährlich der Faschingsmarkt, der

Alte Aischbrücke

Ostermarkt, der Maria-Geburt-Markt sowie der Weihnachtsmarkt. Der Marktplatz ist gesäumt mit hübschen Bauten. 1391 kam die Alte Aischbrücke dazu, eine Sandsteinbrücke auf der Südseite der Stadt mit sieben Rundbögen und 110 Meter Länge. Die Breite der Fahrbahn beträgt maximal 3,50 Meter, etwas mehr als die Breite

Nürnberger_Tor

eines damaligen Ochsengespanns. Aus dieser Zeit stammen auch die ältesten Bauteile des Alten Schlosses, das seine heutige Gestalt um 1715 erhielt. 1903 wurde in Höchstadt die Straßenbeleuchtung eingeführt und 1904 der Müller mit seiner zweigeschossigen Mühle mit der Stromerzeugung beauftragt. Erst 1995 wurde die Mühle stillgelegt.

Drei-Franken-Stein

Nordwestlich von Höchstadt, in der Nähe von Burghaslach auf einer Lichtung, steht an der Schnittstelle der drei Regierungsbezirke Unter-, Mittel- und Oberfranken der knapp drei Meter hohe und rund 2,5 Tonnen schwere Drei-Franken-Stein aus Muschelkalk. Er erinnert auch an die Zwangseingliederung großer Teile Frankens nach Bayern 1806.

Info

Lage: Höchstadt liegt etwa 20 Kilometer nordwestlich von Erlangen.

Auskunft: Obere Brauhausgasse 1, 91315 Höchstadt, Tel. 09193 626158, *hoechstadt.de*

Aktivitäten: Ausflug, *dreifrankenstein.de*

Museen: *museen-im-alten-schloss.de*

Restaurant:

- Alte Mälzerei: modernes Ambiente, schöner Biergarten, Schäufele; Steinwegstraße 1, 91315 Höchstadt, Tel. 09193 5075995, *altemaelzerei.de*

Unterkunft:

- Aischblick: in einem Schlaf-Fass aus Holz, Sanitäranlagen im Haupthaus, fränkisches Restaurant; Große Bauerngasse 88A, 91315 Höchstadt, Tel. 09193 698090, *aischblick.de*

28 Herzogenaurach

DREI STREIFEN UND EIN PUMA

Wie viele Weltstars des Sports wohl schon im kleinen Herzogenaurach waren? Kaum einer von ihnen hat das Amtsschloss besucht, denn fast alle kamen nur zu Terminen für ihren Sponsor-Partner: ob Leichtathleten oder Schwergewichtsboxer, Basketballer oder besonders viele Fußballer, allen voran die Spieler der Deutschen Nationalmannschaft, die seit rund 60 Jahren bei „adidas" unter Vertrag steht. Herzogenaurach und „adidas" gehören zusammen wie Topf und Deckel. Die heutige Weltmarke entstand, nachdem sich die Brüder Adolf, genannt Adi, und Rudolf Dassler zerstritten hatten. Adi gründete 1948 „adidas", Bruder Rudi „Puma". Beide hatten schon vor dem Zweiten Weltkrieg eine gemeinsame Schuhfabrik, ehe sie schließlich getrennte Wege gingen und im Sportbereich zwei Weltkonzerne aufbauten. Als Begründer der Herzogenauracher Schuhindustrie gilt jedoch Georg Denkler: Seine Familie begann bereits 1857 mit der Herstellung von Filzschuhen, „Schlappen" und „Tappen" von Zuhause aus. Mit Frank Dassler verließ der letzte Nachkomme der Gründerfamilie „adidas".

Kilian, der Apostel der Franken, soll im 7. Jahrhundert in Herzogenaurach gepredigt haben. Gut 1300 Jahre später sind die Stars Sportler aus aller Welt, weil sich einst zwei Brüder gestritten hatten und daraufhin in Konkurrenz zueinander traten. Man sollte aber nicht vergessen: Es gibt auch ein mittelalterliches Herzogenaurach zum Anschauen.

adidas Outlet Store

2018 ging er in den Ruhestand. Er ist der Enkel von Rudi Dassler, dem Gründer des Konkurrenten „Puma".

Wegen der Fußball-Weltmeisterschaft 2022 in Katar bekam „adidas" aber zuletzt auch negative Schlagzeilen: Dem Golf-Staat werden Menschenrechtsverletzungen und die Unterstützung von Terroraktionen vorgeworfen, worauf sich alle europäischen Sponsoren von dem Turnier zurückzogen – bis auf „adidas". Der Sportartikelriese konnte sein Engagement am Golf nur schwer verteidigen.

Auch die meisten Besucher Herzogenaurachs interessieren sich nicht sonderlich für das Amtsschloss, sondern vielmehr für die Sport-Outlets und Concept Stores von „adidas" und „Puma", die dort zuweilen mit bis 50 Prozent Nachlass werben. Die beiden Platzhirsche zogen zudem Konkurrenten an, obgleich diese keinerlei Verbindung zum Standort Herzogenaurach haben: So eröffneten auch „Nike" und „s.Oliver" Outlets.

Doch Herzogenaurach hat noch mehr zu bieten als Sportschuhe und -bekleidung: Die Stadt hat sich schließlich im Laufe seiner

Türmersturm

tausendjährigen Geschichte von einer kleinen fränkischen Königspfalz zu einer modernen kleinen Stadt mit großem wirtschaftlichen Potenzial entwickelt: Neben dem Dax-Unternehmen „adidas“ und dem nach Umsatz ungefähr dreimal kleineren Konkurrenten „Puma“ hat auch die „Schaeffler AG“, einer der großen deutschen Zulieferer der Automobil- und Maschinenbauindustrie, in Herzogenaurach ihren Hauptsitz.

Im Zentrum des großen kleinen Städtchens ist immer noch mittelalterlicher Charme spürbar. Hervorzuheben sind vor allem der Türmersturm und das Amtsschloss aus dem 13. Jahrhundert. Letzteres wird allerdings über längere Zeit renoviert.

Beyschlag'sche Apotheke

Vom Türmersturm der Stadtmauer, die mit Zugbrücke und Gatter gut gesichert war, blickte der Türmer ins umliegende Land. Die Welsche Haube mit der Turmlaterne wurde 1724 aufgesetzt. Er markiert zusammen mit dem rund 180 Meter entfernten Fehnturm die Begrenzung der mittelalterlichen Kernstadt. Beide wurden im 13. Jahrhundert erbaut und sind knapp 30 Meter hoch. Der Fehnturm diente zeitweise auch als Gefängnis.

Das Alte Rathaus von 1407 ist heute ein schmucker Fachwerkbau. Das älteste Bürgerhaus der Stadt wurde auf die Baujahre 1447 bis 1448 datiert. Das Traufseithaus zeigt altertümliches Fachwerk, besitzt eine Bohlenstube und kann im Rahmen von Stadtführungen besichtigt werden. 1831 eröffnete die erste Apotheke der Stadt, trägt ihren Namen nach dem Gründer und hat bis heute die gleiche Funktion: die Beyschlag'sche Apotheke. Der Kiliansbrunnen wurde erst 1934 erbaut: Der Legende nach hat der Frankenapostel Kilian im Jahr 686 an dieser Stelle gepredigt.

Info

Lage: Herzogenaurach liegt etwa zehn Kilometer westlich von Erlangen.

Auskunft: Hauptstraße 34, 91074 Herzogenaurach, Tel. 09132 901127, *herzogenaurach.de*

Aktivitäten: Pools und Saunen, *atlantis-bad.de*

Museum: Stadtmuseum

Einkaufen: *adidas.de/outlet, puma.com*

Restaurants:

- Kreis'l: modern, Wintergarten, Terrasse, gute Pizza und Flammkuchen; An der Schütt 26, 91074 Herzogenaurach, Tel. 09132 796423, *herzo-kreisl.de*
- Landgasthof Bär: etwas außerhalb, fränkische Küche mit Karpfen, einfache Zimmer; Burgstall 29, 91074 Herzogenaurach, Tel. 09132 747260, *landgasthofbaer.de*

Unterkünfte:

- Gästehaus in der Engelgasse: Mittelklassezimmer im ehemaligen Stammhaus der Dassler-Brüder; Engelgasse 2, 91074 Herzogenaurach, Tel. 0173 1615246, *engelsschlaf.de*
- El castaño, Zum Kastanienbaum: geschmackvoll eingerichtete Zimmer; Bamberger Straße 2, 91074 Herzogenaurach, Tel. 09132 747290, *el-castano.de*

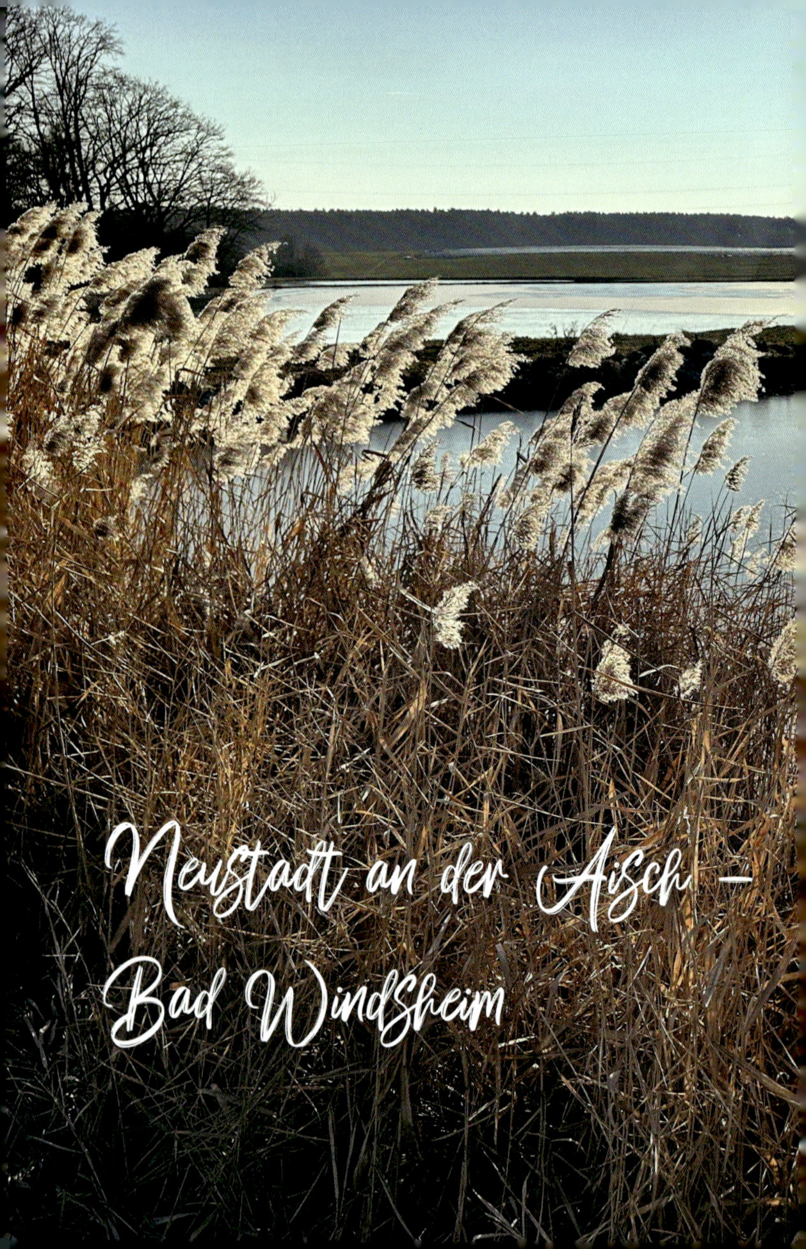
Neustadt an der Aisch –
– Bad Windsheim

Im Aischgrund

Neustadt an der Aisch – Bad Windsheim

29. Neustadt an der Aisch: Wo der Geißbock tanzt
30. Steigerwald: die Lunge Frankens
31. Bad Windsheim: wie am Toten Meer
32. Uffenheim: ab ins Loch
33. Burgbernheim: Stadt der Obstbäume
34. Aischgrund: acht Monate mit R

Ebern
Schweinfurt
Haßfurt
Werneck
70
Scheßlitz
Bamberg
Gerolzhofen
Volkach
Wiesentheid
34
3
Schlüsselfeld
Hallerndorf
34
Forchheim
tzingen
Adelsdorf
Höchstadt an der Aisch
30
Scheinfeld
34
73
Ochsenfurt
Steigerwald
29
Weisendorf
Erlangen
32
Weigenheim
Neustadt an der Aisch
Herzogenaurach
31
Uffenheim
7
33
Langenzenn
Bad Windsheim
Nürnberg
Burgbernheim
Rothenburg
ob der Tauber
Schwabach
Ansbach
6
Roth
ALTMÜHL
Crailsheim
Feuchtwangen
Bechhofen
an der Heide
Gunzenhausen

29 Neustadt an der Aisch

WO DER GEISSBOCK TANZT

Im Aischtal zwischen den Naturparks Steigerwald und Frankenhöhe gelegen, zeigt sich Neustadt als charmantes Städtchen mit spätmittelalterlichem Flair. Wahrzeichen der Stadt ist das schöne Nürnberger Tor, durch das man in die Altstadt gelangt.

Schlag zwölf Uhr beginnt der Geißbock auf dem Turm des barocken Rathauses meckernd seine Runden zu drehen. Er erinnert an eine alte Sage, nach der ein cleverer Schneider, als Geißbock verkleidet, während einer Belagerung den drohenden Hungerstod für sich und seine Mitbewohner abgewendet hat. Vergnügt und gar nicht mager tollte er vor den Feinden auf der Stadtmauer herum, bis diese schließlich glaubten: Wenn der Geißbock schon so wohlgenährt ist, dann sind es auch die Bewohner der Stadt. Sie traten schließlich den Rückzug an und Nivenstat – heute Neustadt – war gerettet!

Wer von oben auf Neustadt blickt, stellt schnell fest: Die Innenstadt ist ziemlich rund angeordnet. Und in ihr spielt sich eigentlich auch alles ab. Der schönste Eingang in die Altstadt ist das Nürnberger Tor mit seinem spitz zulaufenden Turm. Von dort kann man am Stadtmauerweg entlang zum Sauturm und weiter

Zentrum mit Rathaus-Platz

Nürnberger Tor

bis zum Pulverturm spazieren und dabei den spätmittelalterlichen Charme der Stadt erleben. Erstmals erwähnt wurde Nivenstat im Jahr 1285. Die Stadtmauer mit ihren Türmen und Toren entstand allerdings erst knapp zwei Jahrhunderte später.

Durch Gassen mit Fachwerkhäusern und an Winkeln und Plätzchen vorbei, kommt man zum Rathaus am Marktplatz mit dem Neptunbrunnen und dem eingangs erwähnten Geißbock sowie zum Alten und Neuen Schloss. Beide Schlossbereiche sind durch eine Zugbrücke verbunden.

Einst war das Alte Schloss aus dem 15. Jahrhundert noch von Wassergräben umzogen. Anna von Sachsen nutzte es als Witwensitz. Nach Fertigstellung des Neuen Schlosses 1626 diente es für die Landeshauptmänner als Wohnung. Aus statischen Gründen und um es vor der Feuchtigkeit des Aischgrunds (siehe Tipp 34) zu schützen, wurde es auf einem Fundament von 643 Eichenpfählen errichtet. Heute sind auf dem Schlossgelände das Markgrafenmuseum und das Aischgründer Karpfenmuseum untergebracht.

Rathaus

Das Alte Schloss

Info

Lage: Neustadt an der Aisch liegt ca. 40 Kilometer nordwestlich von Nürnberg.

Auskunft: Marktplatz 5, 91413 Neustadt a. d. Aisch, Tel. 09161 66614, *neustadt-aisch.de*

Museen: *museen-im-alten-schloss.de*

Events: Geißbock-Tanz täglich um 12 Uhr

Restaurant:

- Kohlenmühle: Gasthof seit 1401, gutbürgerliche Frankenküche und Karpfen, Hausbrauerei, einfache Zimmer; Bamberger Straße 53, 91413 Neustadt a. d. Aisch, Tel. 09161 662270, *kohlenmuehle.de*

Unterkunft:

- Allee Hotel: elegante Zimmer an einer Parkanlage, gutes Restaurant; Alleestraße 14, 91413 Neustadt a. d. Aisch, Tel. 09161 89550, *allee-hotel.de*

30 Steigerwald

DIE LUNGE FRANKENS

Der Steigerwald zählt zu den schönsten Landschaften in Franken. Und zu Mittelfranken gehört fast die Hälfte des Naturparks, der sich auch nach Unter- und Oberfranken erstreckt. Die höchste Erhebung ist ebenfalls mittelfränkisch: der Scheinberg mit 499 Metern. Zu Besuch in einem wunderbaren Rückzugsgebiet für Mensch und Tier

Das Wandern ist des Müllers Lust. Da wird der Kopf frei. Und der Mund hat auch mal Ruhe. Aus stundenlangem Wandern wird ja häufig auch stundenlanges Schweigen. Ein Schweigen, das so vieles erzählt, weil man nur so die kleinen Geheimnisse in Wald und Wiese erkennt: dort einen Hasen, in der Ferne ein Reh. Wer lauthals wandert, verscheucht meistens die Tiere. Man sieht eine Ähre, auf der sich ein Schmetterling niedergelassen hat, oder die Ameisenstraße, auf der es so emsig zugeht wie auf der A3. Schmackhafte Beeren eignen sich als Zwischendurchsnack und Lichtungen für eine Pause mit Brotzeit. Wandertafeln geben Auskunft über das Gebiet, Aussichten, Beschaffenheit, Sehenswürdigkeiten und Ortschaften. Der Steigerwald Panoramaweg wurde vom Deutschen Wanderverband sogar mit dem Prädikat „Hervorragender Wanderweg" ausgezeichnet.

Wanderweg

Der Wald ist ja ein Alleskönner. Seine Gerüche können betörend sein, seine Ruhe so wohltuend und seine zig Grüntöne sind faszinierend. Im bis zu 500 Meter hohen Steigerwald macht der Laubwald, besonders Buchenwälder, zu 70 Prozent den Bestand aus. Der Naturpark erstreckt sich zwischen Würzburg in Unter- und Bamberg in Oberfranken in der West-Ost-Achse sowie im Süden bis Bad Windsheim (siehe Tipp 31). Zu Mittelfranken gehört schließlich fast die Hälfte des Naturparks, wie auch die höchste Erhebung: der Scheinberg mit 499 Metern. Wildschweine, Rehe und eine artenreiche Vogelwelt bevorzugen die Buchenwälder als Lebensraum. Besonders Spechte zimmern in die uralten Baumriesen

Hase

Eisvogel

lautstark ihre Höhlen. Und ein Ruf wird immer hörbarer: Bayern muss nach Berchtesgaden und dem Bayerischen Wald einen dritten Nationalpark bekommen und dieser soll der Steigerwald sein.

Entlang der Steigerwald-Höhenstraße kann man eine abwechslungsreiche Tour vom Main zur Aisch machen und so manchen historischen Ort besuchen. Die Strecke führt von Haßfurt in Unterfranken im Norden bis Bad Windsheim im Süden. Scheinfeld liegt auf dem Weg und hat nicht nur eine 1230-jährige Geschichte und einige Bauten aus den vergangenen Jahrhunderten, sondern auch sein Renaissanceschloss Schwarzenberg. Der Ursprung als Burg ist noch gut zu erkennen: Wälle, Kasematten und Wehrtürme zeugen vom einstigen Zweck. Doch die verschiedenartigen Türme und Türmchen geben Schwarzenberg heutzutage eine romantische Verspieltheit. Der ehemalige tschechische Außenminister Karel Schwarzenberg ist Oberhaupt des Adelshauses und bewohnt zeitweise das Schloss. In Sichtweite befindet sich das Franziskaner-Kloster Schwarzenberg mit Klosterkirche von Balthasar Neumann.

In Dachsbach kann man sogar auf literarischen Spuren wandeln. Johann Wolfgang von Goethe ließ seinen Protagonisten im „Götz von Berlichingen" ausrufen: „Geh auf den Weg nach Dachsbach", wo das ehemalige Wasserschloss nicht der einzige Blickfang ist, denn im Ortsteil Rauschenberg findet sich das Neue Schloss und im Ortsteil Oberhöchstädt eine hohe Dichte an markanten Fachwerkgebäuden. Auch Emskirchen im Aurachgrund ist einen Abstecher wert, um sich den Herkulesbrunnen und die alte Poststation anzuschauen. Maria Theresia, Beethoven, Schiller, Casanova und andere übernachteten dort. Heutzutage kann man selbst ein Zimmer beziehen, um tags darauf im Talkessel der Aurach die sanften Hügel, Wiesen, Wälder und die reizvolle Landschaft mit Mühlen und Weilern zu erkunden.

Scheinfeld

Schließlich noch eine Überraschung: die mittelfränkische Bocksbeutelstraße. Die gibt es eben nicht nur in Unterfranken. Ipsheim und Weimersheim haben die südlichsten Frankenweinlagen. Typisch sind zudem die Wacholderweiden in der Umgebung. Auch Markt Nordheim liegt an der Bocksbeutelstraße und lädt in seinem Naturerlebnisgelände zum Kneippen im Naturkneippbecken und zum Faulenzen an den Herbolzheimer See.

Info

Lage: Der Steigerwald erstreckt sich zwischen Bamberg, Würzburg und Bad Windsheim.

Auskunft: Hauptstraße 7, 91443 Scheinfeld, Tel. 09161 921523, *steigerwald-naturpark.de*

Aktivitäten: *steigerwald-panoramawcg.de;* Höhenstraße; *drei-franken-info.de; bocksbeutelstrasse.de;* Kneippen und Baden, *ergersheim.de*

Restaurants:

- Gasthof Krone-Lax: Krenfleisch, Zimmer; Hauptstraße 17, 91443 Scheinfeld , Tel. 09162 546, *gasthof-lax.de*
- Landgasthof Zum Brandenburger Adler: Terrasse, fränkische Küche, Zimmer; Bamberger Straße 1, 91462 Dachsbach, Tel. 09163 292, *gasthof-hieronymus.de*

Unterkunft:

- Alte Poststation Goldener Hirsch: stilvoll eingerichtete Zimmer, die schon große Persönlichkeiten bezogen haben, Restaurant; Marktplatz 6, 91448 Emskirchen, Tel. 09104 2238, *alte-poststation-goldener-hirsch.de*

31 Bad Windsheim

WIE AM TOTEN MEER

Bad Windsheim liegt genau dort, wo sich die beiden Naturparke Steigerwald und Frankenhöhe treffen. Aus dem einzigen Heilbad in Mittelfranken kommt bundesweit bekanntes Mineralwasser. Das Herz der ehemals selbstständigen Reichsstadt im Heiligen Römischen Reich Deutscher Nation ist eine prächtige, grüne Oase: der 36 Hektar große Kurpark.

Gemütlich und prachtvoll, historisch und modern: Bad Windsheim vermittelt sowohl den Charme der ehemaligen Freien Reichsstadt als auch das Flair einer Kurstadt. Zwischen beiden Welten liegen letztlich nur ein paar Spaziermeter. Drittens kann man das Städtchen auch lebensfroh mit dem Kiliani-Altstadtfest beschreiben: Da treten im Sommer die Schützen auf, die Trachten werden herausgeholt, ein wilder Haufen spielt ein wenig Bauernkrieg und abends wird das schöne Barock-Rathaus illuminiert.

Einen vierten Weg nicht nur Bad Windsheim, sondern ganz Franken nahezukommen, ist ein Rundweg von zwei Kilometer Länge, der zu Häusern und Höfen, Scheunen und Stall, Mühlen, Brauereien und Backhäuschen, Schäfereien, einem Amtshaus, Schulhaus und Adelsschlösschen führt. Alles wurde aus allen Teilen Frankens herbeigeschafft und für das Fränkische Freilandmuseum originalgetreu wiederaufgebaut. Die Zeitreise durch 700 Jahre fränkischer Alltagsgeschichte zeigt mehr als hundert Gebäude und wie die ländliche Bevölkerung in Franken in früheren Zeiten gebaut, gewohnt und gearbeitet hat. Prunkstück ist der Alte Bauhof, ein großartiges Zimmermannswerk von 1443, das als eines der größten und kühnsten Holzbauwerke des Mittelalters in Süddeutschland gilt.

Das Fränkische Freilandmuseum

Das Herz der Stadt ist aber der 110 Jahre alte Kurpark, eine prächtige grüne Oase mit dem schönen Seerosenbrunnen. Ein echtes Pfund ist die Botanik mit herrlichen Baumalleen, gepflegten Grünflächen und Beeten sowie allein im Mai 75.000 Pflanzen. Es gibt eine Kneipp-Insel mit Gradierwerk und Wassertretbecken, den Rosengarten, Irrgarten, ein Labyrinth, Tiergehege,

Kurpark

einen Naturerlebnispfad und den Bewegungspark mit Sportgeräten. Jogger und Nordic-Walking-Fans sind aktiv, Spaziergänger drehen ihren Runden. Und danach geht es vielleicht ins Tote Meer im Miniaturformat ...

Das Windsheimer Tote Meer ist das Sole-Highlight der Franken-Therme: Ein ganzjährig beheizter Salzsee, mit hochkonzentrierten 26,9 Prozent Salzgehalt, der ein Schwebe-Erlebnis wie im Toten Meer ermöglicht. Der Salzsee, die Thermal-Badehallen und die Sauna-Landschaft suchen ihresgleichen in Mittelfranken. Sechs Becken mit Thermalsole stehen zur Verfügung. In einem Becken kann man die „Sinn-fonie“ erleben, ebenfalls ein Schwebe-Erlebnis wie im Toten Meer, jedoch mit raumfüllenden Klängen.

Windsheim – im fränkischen Dialekt schlicht „Winsa“ – bekam das Prädikat „Bad“ erst 1961 verliehen, doch war der Ort seit der Stauferzeit durchgehend eine selbstständige Reichsstadt im Heiligen Römischen Reich Deutscher Nation, was sich im Stadtwappen widerspiegelt. Ein erster urkundlicher Hinweis auf eine Ansiedlung stammt aus dem Jahr 741. Ende des 13. Jahrhunderts bekam sie eine eigene Gerichtsbarkeit und konnte sich fortan zu den wenigen Städten des Heiligen Römischen Reiches zählen, die sich Reichsstadt nennen durften. In Franken waren dies ansonsten nur noch Rothenburg (siehe Tipp 5), Dinkelsbühl (siehe Tipp 7), Nürnberg (siehe Tipp 10), Weißenburg (siehe Tipp 35) und Schweinfurt in Unterfranken. Die Reichsstädte waren allein direkt dem Kaiser unterstellt und hatten damit gleichsam eine eigene landesherrliche Hoheit. Dies war der Grundstock für die Jahrhunderte währende, bedeutende Stellung Windsheims, die der Stadt und den Bürgern Wohlstand gebracht hat.

Kornmarkt

In der historischen Altstadt ist von diesem Wohlstand viel zu sehen und fränkische Fachwerkbauten treffen unvermittelt auf Barock und Rokoko. Also noch eine Zeitreise, die am Holzmarkt mit seinen Fachwerkhäusern beginnt. An das wirtschaftliche Leben der Reichsstadt erinnern heute noch die Namen einiger Plätze und Straßen: Holzmarkt, Kornmarkt, Weinmarkt, Hafenmarkt, Schüsselmarkt. Seit 1381 gab es eine eigene Zunft der Hafner, seit 1434 die der Tuchmacher, Tuchscherer und Färber. Später kamen alle anderen Handwerkssparten hinzu. 1576 zählte man 13 verschiedene Zünfte.

Weinmarkt

Der breite Massivbau des Gasthauses „Zum Storchen" von 1296 gilt als das älteste Fachwerk-Bürgerhaus Bayerns. Seit dem 16. Jahrhundert wird es als Wirtshaus genutzt und befindet sich in Familienbesitz. Das Haus am Weinmarkt ist nicht nur das älteste Fachwerkhaus, sondern auch das bei Weitem größte in der Stadt. Am Weinmarkt findet man auch den Schönen Brunnen und das Rokokohaus von 1743 mit reichlich Stuck. Am Marktplatz trifft man dann auf das barocke, 1717 errichtete Rathaus.

Rathaus

Die Alte Lateinschule dagegen ist wieder ein Fachwerkbau. Belegt ist ihre Existenz ab etwa 1400, womit sie eines der ältesten Gymnasien Nordbayerns ist. Das ehemalige Kloster der Augustiner-Eremiten ist noch älter und wurde 1291 gestiftet. Seit 1623 wird das Gebäude aber als Stadtbibliothek genutzt. Im Ochsenhof von 1537, vielleicht das schönste Fachwerkhaus der Stadt, ist das Reichsstadtmuseum untergebracht. Es informiert über den Zeitraum 8. bis 20. Jahrhundert: über die Geschichte der Stadtbefestigung, die Zeit des Dreißigjährigen Krieges, die Schützengesellschaft oder auch über die napoleonische Epoche bis zu den beiden Weltkriegen und bis zur Erhebung als Bäderstadt 1961, in der schon seit mehr als 90 Jahren Mineralwasser abgefüllt wird.

Georg Wilhelm Steller ist zwar nicht so bekannt wie vielleicht ein Alexander von Humboldt, aber die Windsheimer sind mächtig stolz auf ihren 1709 in ihrer Stadt geborenen Naturforscher, der im 18. Jahrhundert zu den bedeutendsten gehörte. Schließlich war er der erste Europäer, der Alaska betrat. Seine Forschungsberichte über Alaska und Sibirien wirken bis heute nach: So sind nach ihm die Stellerente, der Stellersche Riesenseeadler und die Stellersche Seekuh benannt, von der es in Windsheim auch eine große Skulptur zu sehen gibt.

Info

Lage: Bad Windsheim liegt etwa 20 Kilometer südwestlich von Neustadt an der Aisch.

Auskunft: Marktplatz 1, 91438 Bad Windsheim, Tel. 09841 6689700, *bad-windsheim.de*

Aktivitäten: Kurpark; *franken-therme.net*

Museum: *freilandmuseum.de, reichsstadtmuseum-ochsenhof.de*

Event: Kiliani-Altstadtfest Ende Juni/Anfang Juli

Restaurants:

- Zum Storchen: Traditionswirtschaft mit schöner Terrasse, regionale Küche, es gibt auch Zimmer; Weinmarkt 6, 91438 Bad Windsheim, Tel. 09841 669890, *zumstorchen.de*
- Weinstube Drei Kronen: gehobene fränkisch-japanische Gerichte. Küchenmeister Marco Schneider lernte beim japanischen Starkoch Nobu Matsuhisha; Schüsselmarkt 7, 91438 Bad Windsheim, Tel. 09841 9199903, *weinstubedreikronen.de*

Unterkünfte:

- Reichels Parkhotel: mitten im Kurpark, komfortable 3-Sterne-Zimmer, Café mit hausgemachten Kuchen; Am Stauchbrunnen 7, 91438 Bad Windsheim, Tel. 09841 4050, *reichels-parkhotel.de*
- Vital Hotel an der Therme: 4-Sterne-Zimmer mit Parkett, auch metallfreie Zirbenzimmer, besonders: Käsefondue-Abende, Erkenbrechtallee 14, 91438 Bad Windsheim, Tel. 09841 689990, *vital-hotel-adt.de*

32 Uffenheim

AB INS LOCH

Das Markgräfliche Schloss und drei Türme, die sehr unterschiedlich genutzt wurden, kennzeichnen das 6600-Einwohner-Städtchen. Der dortige Türmer bildete lange Zeit Musiker aus und ein moderner Brunnen macht einen sehr merkwürdigen ersten Eindruck, ist aber bedeutsam, weil den Freunden in der Ferne gewidmet.

Der Heinrichsturm ist zwar der niedrigste Turm der Stadtbefestigung, aber er war der gefürchtetste, denn unterhalb des Kellergeschosses befand sich das fensterlose Lochgefängnis, das nur durch eine Luke von oben zugänglich war. Die Delinquenten wurden also wortwörtlich ins Loch geworfen. Es waren meistens zum Tode Verurteilte und zu brandmarkende Verbrecher.

Ein kleiner Exkurs zur mittelalterlichen Gerichtsbarkeit zeigt, dass es ausschließlich um Bestrafung ging und in dieser Zeit kein Gedanke daran verschwendet wurde, vielleicht auch eine Besserung des Täters herbeizuführen. Ab dem 13. Jahrhundert kam zur Bestrafung noch die Abschreckung dazu: Man sollte dem Verbrecher, solange er lebte, die Strafe durch Verstümmelungen und Verletzungen ansehen: also durch das Abtrennen von Gliedmaßen oder das Brandmarken zum Beispiel. Mörder wurden zu Tode gerädert, Mörderinnen durch lebendiges Begraben hingerichtet. Aus Gnade und bei schwerer Brandstiftung wurden Enthauptungen mit dem Schwert vollzogen. Schwere Diebstähle wurden mit Prügel, Brandmarken, Hände- oder Ohrabschneiden geahndet. Fürs Brandmarken und Blenden gab es den Heisenstein: Der Name soll sich von einer mittelalterlichen Richtstätte ableiten, denn dort wurden Strafen, die mit „heiß“ zu tun hatten, vollzogen. Heute stellt der Heisenstein eine malerische Idylle Uffenheims dar …

Heisenstein

Das Loch im Heinrichsturm sollte um 1800 zu einem für damalige Verhältnisse modernen Polizeigefängnis umgebaut werden. Allein, das Vorhaben scheiterte an zu hohen Kosten. Zu dieser Zeit wurde auch ein Pranger errichtet: „Der Pranger solle an das Eck des Rathauses gebaut werden und zwar von Eisen, wie ein

Hängetisch", heißt es in einer Chronik. Denn wer zum Pranger verurteilt war, sollte der Öffentlichkeit deutlich zur Schau gestellt werden. Wann der Pranger wieder entfernt wurde, ist nicht bekannt.

Für weniger schlimme Fälle gab es noch den hohen, schlanken und unverputzten Rundturm aus Natursteinquadern mit Schießscharten: Der Bürgerturm diente neben der Verteidigung auch als Verlies für straffällige Bürger, daher auch sein Name. Die im Turm für geringe Vergehen verurteilten Häftlinge genossen immerhin das Privileg, sich von ihrer Familie verpflegen lassen zu können.

Würzburger Turm

Wie schön, dass es vom Würzburger Turm wenigstens noch Erfreuliches zu berichten gibt: Darin wohnte der Türmer, der ab dem 18. Jahrhundert aber nicht nur den allgemeinen Wachdienst verrichten und in der Nacht die Turmglocke zur vollen Stunde schlagen musste, sondern auch Musiker ausbildete, mit denen er am Sonntag ein Kirchenlied vom Turmfenster herab blies. Dafür bekam er Geld, Kost und Logis sowie Flachsreisten, die Grundlage für die Herstellung von Leinen. Leonhard Schwegler war bis 1907 der letzte Türmer.

Der Stadtmauerring um die Altstadt von Uffenheim ist noch zum Großteil erhalten. Die Mauerstärke beträgt bis zu 1,30 Meter. Auffällig sind die überdachten, innen liegenden Wehrgänge. Der herrschaftlichste Bau der Stadt ist aber ohne Frage das Markgräfliche Schloss, stattlich und repräsentativ, aber keineswegs pompös. Seit ungefähr 1050 residierten die Herren von Uffenheim auf der Burg, die nach einem schweren Brand im 17. Jahrhundert als ein barockes Wasserschloss wiederaufgebaut wurde. Inzwischen ist der ehemals breite Graben trockengelegt und in eine Gartenanlage umgewandelt.

Partnerschaftsbrunnen

Last not least: Wer sich über einen Brunnen und dessen merkwürdige schwarz-weißen Stelen wundert, dem sei noch erklärt, dass es sich dabei um den Partnerschaftsbrunnen von 2014 handelt: Die Stelen stehen für die europäischen Partnerschaftsstädte von Uffenheim: Pratovecchio in Italien, Égletons in Frankreich und Kolbudy in Polen.

Info

Lage: Uffenheim liegt etwa 30 Kilometer westlich von Neustadt an der Aisch.

Auskunft: Marktplatz 16, 97215 Uffenheim, Tel. 09842 20721, *uffenheim.de*

Museum: Gollachgaumuseum zur Handwerks- und Stadtgeschichte

Restaurants:

- Lichterhof: Burger, Pinsa und Fränkisches, es gibt auch ein 10-Gang-Rittermenü (ritteressen.de) und Zimmer, Marktplatz 14, 97215 Uffenheim, Tel. 09842 98310, *lichterhof.de*
- Glockenhäusle: uriges Wirtshaus etwas außerhalb mit Terrasse, Burgunderbraten, Ente, Mandelsteak, Schäufele; Kleinharbach 8, 97215 Uffenheim, Tel. 09865 9520, *glockenhaeusle.de*

Unterkunft:

- Schwarzer Adler: bürgerlich eingerichtete Zimmer, zum Teil mit Baldachinbett, Restaurant; Adelhoferstraße 1, 97215 Uffenheim, Tel. 09842 98800, *gastsein.de*

33 Burgbernheim

STADT DER OBSTBÄUME

30.000 Streuobstbäume gibt es im beschaulichen Burgbernheim, das auf eine lange Geschichte zurückblickt. In der Nähe haben Aisch und Altmühl ihren Ursprung: Das Wasser fließt nach Norden in Nordsee und nach Süden bis ins Schwarze Meer.

Vom Schauberg, der höchsten Erhebung in Stadtnähe, sieht man über die malerische Kleinstadt und den Aischgrund (siehe Tipp 34) bis zum Steigerwald (siehe Tipp 30). Und man erblickt die schier endlose Ausdehnung der Wiesen, auf denen 30.000 Streuobstbäume ihre Wurzeln haben. Gezählt hat man sie das letzte Mal 1965. Gut möglich, dass es inzwischen sogar noch mehr geworden sind. Auf dem Streuobstlehrpfad kann man mehr über das heimische Obst erfahren.

Ihren 1275. Geburtstag hat die Stadt bereits hinter sich. Die alten Fachwerkhäuser und der Torturm sind Zeugen der Geschichte, wie auch der Marktplatzbrunnen, zieren ihn doch die Symbole der Stadt: Der Turm symbolisiert die ehemalige Wehrkirchenanlage, der Bär erinnert an die früher im Wald lebenden Bären und die beiden Wasserläufe stehen für die europäische Wasserscheide, die mitten durch den Burgbernheimer Wald verläuft. Das nach Norden ablaufende Wasser fließt über die Aisch, die Regnitz, den Main und den Rhein in die Nordsee, während das nach Süden ablaufende Wasser über die Altmühl und die Donau ins Schwarze Meer fließt.

Torturm

Die Aisch entspringt bei Schwebheim in der Nähe von Burgbernheim. Die Aischquelle ist eingefasst und leicht zu finden, wie auch der Altmühlursprung: Bereits die ältesten Karten weisen das Gebiet um den Burgbernheimer Hirschteich als Ursprung der Altmühl aus.

Obstbaumblüte

Prunkstück der Stadt ist der Markgrafenbau von 1790: Dabei konnte der historische dreiflügelige Bau nur mit vereinten Kräften erhalten werden ... Das schöne Rathaus wurde 1803 auf dem Grund des Vorgängerbaus von 1616 in markgräflicher Bauweise errichtet. Früher fanden dort Gerichtssitzungen statt. An der Vorderseite des Baus stand ein Pranger und in den Kellerräumen gab es vier Dunkelzellen. Die noch erhaltene Turmglocke rief zu Rats- oder Bürgerversammlungen, aber auch wenn Steuern eingezahlt werden mussten oder es im Wald brannte.

Rathaus

Info

Lage: Burgbernheim liegt etwa 30 Kilometer südwestlich von Neustadt an der Aisch.

Auskunft: Rathausplatz 1, 91593 Burgbernheim, Tel. 09843 30934, *burgbernheim.de*

Aktivitäten: Streuobstlehrpfad

Museum: *uhrenmuseumfe.de*

Restaurant:

- Waldgasthof Wildbad: schöne Wirtsstube, regional-saisonale Küche, Biergarten, Zimmer; Wildbad 1, 91593 Burgbernheim, Tel. 09843 1321, *waldgasthof-wildbad.de*

Unterkunft:

- Ferienwohnung Turmstüble: schnuckelige 32 Quadratmeter im mittelalterlichen Torturm, gut ausgestattet; Kapellenbergweg 3, 91593 Burgbernheim, Tel. 09843 3350, *turmstueble@web.de*

34 Aischgrund

ACHT MONATE MIT „R“

Karpfen isst man nur in den Monaten, die ein R im Namen tragen, also von September bis April. Der Karpfen ist nicht nur ein Symbol für den Aischgrund, sondern die Lebensgrundlage vieler Einwohner. Schließlich gibt es 7185 Teiche, die bewirtschaftet werden. Auch die Karpfenkönigin hat eine eigene Zucht.

„Bestimmt wird es ein gebackener Karpfen und eine Halbe Bier nicht in die Rezeptsammlung der Weight Watchers schaffen", schrieb ein Gastrokritiker einmal süffisant, „aber der Karpfen macht eine wirklich gute Figur in vielen Bereichen." Und dann liegt da nun einer dieser Karpfen vor einem auf dem Teller in einem einfachen Aischgrund-Gasthaus: frisch aus dem Teich geholt, goldbraun gebraten, mit dem typischen Zahnstocherfähnchen obendrauf, auf dem der Preis steht, der sich nach dem Gewicht richtet. So gehört sich das im Aischgrund.

Gebacken serviert

Auch wenn Weight Watcher in diesem Leben vielleicht keine Karpfen-Fans mehr werden, gesund ist er trotzdem und die Anhänger vom Null-Kilometer-Konzept sind begeistert: in den Laichteichen geschlüpft, in den Weihern des Aischgrundes aufgewachsen und in den Lokalen der Region verzehrt. Regionaler und nachhaltiger geht es nicht. Und da pflanzliches Plankton Grundlage der Nahrungskette ist, bildet sich im Karpfenfleisch ein hoher Anteil an Omega-3-Fettsäuren. Der Beste von allen ist übrigens der Original Aischgründer, den das niedrige Fettgehalt auszeichnet. Die EU-weite geografische Angabe schützt den hochwertigen Aischgründer Karpfen, wie zum Beispiel auch den Nürnberger Lebkuchen.

Aischgründer Karpfen

Die meisten Teiche wurden zwischen dem 11. und 15. Jahrhundert angelegt. Schließlich gehört der Karpfen schon seit dem Mittelalter zum Bestandteil der europäischen Esskultur. Viele der Teiche bestehen bis heute. Derzeit bewirtschaften 1200 Teichwirte die Gewässer. Mit dem Bau der Teiche siedelte sich eine eigene und besondere Vielfalt von Pflanzen und Tieren an. Es gibt keine andere bayerische Naturlandschaft mit einer höheren Biodiversität. Ohne die Fische im Teich nähme die Artenvielfalt drastisch ab.

Das Karpfenland Aischgrund erstreckt sich von der Aischquelle bei Marktbergel über 85 Kilometer bis zur Mündung bei Forchheim. Die 7185 Teiche machen den Aischgrund zur größten zusammenhängenden Weiherlandschaft Europas. Und obgleich vor den Toren der Großstädte Nürnberg (siehe Tipp 10), Fürth (siehe Tipp 20), Erlangen (siehe Tipp 24) gelegen, geht es im Aischgrund ruhig, gemächlich und bodenständig zu. Landschaftlich charakteristisch sind neben den Weihern viele Bachläufe, Zuflüsse, Quellen und langgezogene Auen. Es gibt reichlich Wander- und Fahrradwege, wobei sich Wald, Wiesen und Felder, neben den Teichen, als Kulisse abwechseln.

Das Karpfenland Aischgrund

Die Teiche reichen häufig bis in die Dörfer hinein, als ob Dorf und Teich unzertrennlich miteinander verbunden sind. Da überrascht es dann doch, dass es in Weisendorf eine Drive-in-Apotheke gibt, während in der Nachbargemeinde Hammerbach die Zeit stehen geblieben zu sein scheint: Die St. Otto-Kirche reckt ihren spitzen Turm in den Himmel und aus dem Brunnen gleich daneben wird das Wasser aus der Tiefe gefördert.

Himmel, Teiche und Wasser sind die beste Beschreibung für den Aischgrund. Klar, dass es da auch eine Karpfenkönigin gibt: „Gut

40 Termine habe ich im Jahr absolviert. Von Hoffesten bist zum Besuch der Grünen Woche war alles dabei", erzählt Ex-Königin Nina Hock. Nachfolgerin Svenja Viertel sagt: „Schon als kleines Mädchen habe ich die Fotos in der Zeitung gesehen. Da war mir klar, das möchte ich auch einmal machen." Ihre Familie hat selbst eine Karpfenzucht. Konkret heißt das, Svenja fischt gemeinsam mit ihrem Cousin die Weiher ab und schlachtet die Karpfen. Auch privat mag sie den Fisch: „Rausgebacken werden die Karpfen von meiner Oma. Und essen tut die ganze Familie dann gemeinsam."

Bleibt nur noch die Frage nach den Monaten ohne R: Ab Mai beginnt die Laichzeit der Karpfen, gefolgt von der Schonzeit. Und es wird angenommen, dass der Name Aisch in seiner ursprünglichen Bedeutung fischreich bedeutete.

Info

Lage: Der Aischgrund erstreckt sich entlang der Aisch zwischen Neustadt an der Aisch, Bad Windsheim und Erlangen-Höchstadt bis Forchheim und damit nach Oberfranken.

Auskunft: Obere Brauhausgasse 1, 91315 Höchstadt, Tel. 09193 626158, *karpfenland-aischgrund.eu*

Restaurants:

- Landgasthof Rittmayer: 21 beste Karpfen-Gerichte, Bratwürste, hausgemachtes Bier, sehr schöne Zimmer; Willersdorf 108, 91352 Hallerndorf, Tel. 09195 94730, *rittmayer.com*
- Jägerhof: internationale Küche; Auracher Bergstraße 2, 91085 Weisendorf, Tel. 09135 7170, *jaegerhof-hotel.com*

Unterkunft:

- Zum Löwenbräu: gemütliche 3-Sterne-Zimmer, eigene Brauerei, Gasthof, Biergarten; Neuhauser Hauptstraße 3, 91325 Adelsdorf, Tel. 09195 923310, *hotel-zum-loewenbraeu.de*

Weißenburg – Gunzenhausen

Das Ellinger Tor in Weißenburg

Weißenburg – Gunzenhausen

35. Weißenburg: an einem Oktober-Tag 1979
36. Wülzburg: nein, nicht Würzburg ...
37. Pappenheim: Schillers Vermächtnis
38. Treuchtlingen: spielerisch in die Vergangenheit
39. Altmühltal: klopfen, paddeln, radeln
40. Gunzenhausen: 1200 Bäume zum Jubiläum
41. Fränkisches Seenland: sieben auf einen Streich
42. Ellingen: Wo der Saurier fliegen lernte

Lauf an der Pegnitz
Langenzenn
Fürth
3
Zirndorf
Nürnberg
Altdorf bei Nürnberg
Schwabach
nsbach
6
Neumarkt in der Oberpfalz
Roth
41
Rothsee
Freystadt
Hilpoltstein
41
40
41
9
41
Altmühlsee
Großer Brombachsee
SCHWARZACH
Gunzenhausen
39
42
Thalmässing
nnenloher See
Wachstein
Ellingen
35
36
Unterschwaningen
Altmühltal
Beilngries
Gnotzheim
Weißenburg
assertrüdingen
ALTMÜHL
Wülzburg
Altmühltal
Heidenheim
38
39
37
Treuchtlingen
39
Pappenheim
Denkendorf
Eichstätt
Altmühltal
Wemding
Solnhofen
ALTMÜHL
Gaimersheim
Ingolstadt
Rennertshofen
Neuburg an der Donau
DONAU
Donauwörth
Rain
Karlshuld
Reichertshofen

35 Weißenburg

AN EINEM OKTOBER-TAG 1979

Römerstadt nennt sich Weißenburg stolz. Kein Wunder: Mit dem teilrekonstruierten Kastell Biriciana, den Römischen Thermen, dem Römermuseum und dem größten römischen Schatzfund in Deutschland kann sich Weißenburgs römisches Vermächtnis sehen lassen. Das mittelalterliche Weißenburg sollte man dabei aber nicht vergessen.

Der Schatz aus der Römerzeit brachte 150 Einzelstücke hervor. Er bekam den malerischen Namen Schatzfund aus dem Spargelbeet und gilt als bedeutendster deutscher Fund seiner Art, zu sehen im Römermuseum der Stadt: silberne Votivtafeln, Bronzestatuetten, filigrane Plastiken von Mars, Jupiter, Herkules und Apoll sowie Inventar, das zu einem Tempel gehörte.

Römermuseum

Wie es dazu kam, weiß Erich Kreißl am besten. An einem Oktober-Tag 1979 griff er zum Spaten, um sein Spargelbeet etwas zu erweitern. Doch es kam ganz anders. In etwa 40 Zentimetern Tiefe traf er auf einen harten Gegenstand. Was er zunächst für wertloses Blech hielt, entpuppte sich als sensationeller Fund: eingebettet im sandigen Erdreich und das seit rund 1700 Jahren. Er machte aus Weißenburg, der fränkischen Stadt mit Spitzgiebel und Fachwerk, eine Römerstadt. Kurios: Bei einem germanischen Überfall in den 250er-Jahren n. Chr. wurde dieser Schatz wohl vergraben und tatsächlich erst 1979 von Lehrer Kreißl wiederentdeckt.

Kastell Biriciana

Was wiederum Folgen hatte: Das Römermuseum und Limesinformationszentrum wurden 2017 eröffnet. Das Nordtor des Kastell Biriciana rekonstruierte man ebenso wie eine der bedeutendsten Thermenanlagen in Süddeutschland. Im Museum wird dem Besucher das Leben am Limes (siehe Tipp 8) nähergebracht und das alltägliche Leben der Soldaten im Kastell sowie das der Händler und Familien im Lagerdorf präsentiert.

Trotz der römischen Hinterlassenschaften sollte man das mittelalterliche Weißenburg nicht vergessen. Durch das Ellinger Tor kam man vom Norden in die Stadt. Es war ein Teil der um 1200 entstandenen Stadtmauer, zu der auch der Fünfeckturm zählt, und der

Fünfeckturm

einzige noch existierende runde Turm der Stadtmauer: der Scheibleinsturm, in dem lange Zeit ein Gefängnis untergebracht war. Im fast 60 Meter hohen Andreasturm wohnte bis 1925 der Stadttürmer. Heute ist er die Heimat der Gebetsglocke, der Messglocke, der Zwölf-Uhr-Glocke und der Sturmglocke mit imposantem Geläut. Schön ist auch die Schießgrabenmauer mit zahlreichen Türmchen und pittoresken Kleinhäusern aus dem 18. und 19. Jahrhundert. Der vor dem Mauerabschnitt liegende Schießgraben war bis 1879 die historische Übungsstätte der seit 1250 urkundlich belegten Weißenburger Schützen. Zum Stadtmauerbereich gehört auch der heute noch geflutete Befestigungsgraben mit der Seeweihermauer.

Fünf Jahrhunderte lang war Weißenburg als Freie Reichsstadt nur dem Kaiser unterstellt. Teile der weitgehend erhaltenen Stadtbefestigung mit 38 Türmen zeugen bis heute von der Blütezeit. 867 erstmals urkundlich erwähnt, wurde Weißenburg 1296 eine der letztlich nur sechs Freien Reichsstädte im heutigen Franken. Der Platzname Am Hof verweist auf den fränkischen Königshof, quasi der Keimzelle Weißenburgs. Bänke am Brunnen laden zum Verweilen ein. Monumental zeigt sich der Kaiser-Ludwig-Brunnen: 1338 schenkte Ludwig der Stadt seine dortigen Wälder. Aus Dankbarkeit errichteten ihm die Bürger den nach ihm benannten Brunnen, wenngleich erst sehr spät: 1903.

An der Seeweihermauer

Wer sich noch genauer informieren möchte, geht ins Reichsstadt-Museum, wo man dem Besucher die Geschichte der Stadt wie in einem dreidimensionalen Buch plastisch näherbringen möchte.

Das Leben der einfachen Leute und Handwerker spielt dabei ebenso eine Rolle wie das der höheren Stände. Dargestellt wird eine Zeitspanne vom Mittelalter bis zum Ende der Reichsstadtzeit 1802. Prunkstück ist der kaiserliche Wappenbrief von 1481, mit dem die Stadt ihr heutiges Stadtwappen erhielt.

Die Getreideschranne ist aus zweierlei Hinsicht interessant: In den Wintermonaten findet dort samstags der Wochenmarkt statt. Zudem ist sie als KunstSchranne ein beliebter Ausstellungsort für Kunst aller Art.

Lage: Weißenburg in Bayern liegt etwa 50 Kilometer südlich von Nürnberg.

Auskunft: Martin-Luther-Platz 3, 91781 Weißenburg, Tel. 09141 907124, *weissenburg.de*

Aktivitäten: *weissenburg.de/kunstschranne/veranstaltungen*

Museum: ReichsstadtMuseum, *museen-weissenburg.de/de/unsere-museen/reichsstadtmuseum*

Restaurants:

- Schwarzer Bär: eines der ältesten Häuser der Stadt, Grillteller, Steaks, Schäufele, einfache Zimmer; Marktplatz 13, 91781 Weißenburg, Tel. 09141 92426, *derschwarzebaer.de*
- Gasthaus zum Schiffla: große Schnitzelkarte; Nördliche Ringstraße 20, 91781 Weißenburg, Tel. 09141 9975986, *gasthaus-zum-schiffla.eatbu.com*

Unterkünfte:

- Wittelsbacher Hof: historisches Gemäuer, moderne Zimmer, Restaurant; Friedrich-Ebert-Straße 21, 91781 Weißenburg, Tel. 09141 9011090, *wittelsbacher-hof.de*
- Hotel am Ellinger Tor: 3-Sterne-Zimmer, Kunstgalerie im Frühstückszimmer; Ellinger Straße 5, Tel. 09141 86460, *ellingertor.de*

36 Wülzburg

NEIN, NICHT WÜRZBURG ...

Auf 630 Meter Höhe liegt ein eindrucksvolles Denkmal des Renaissance-Festungsbaus in Deutschland: die in Form eines Pentagon gebaute Hohenzollern-Festung Wülzburg. Charles de Gaulles machte mit ihr unliebsame Bekanntschaft.

Nein, es ist kein Aussprache- oder Schreibfehler … Jeder kennt Würzburg, Unterfrankens Hauptstadt, Weltkulturerbe und Stadt des Weins. Mit Wülzburg ist das etwas anders: Da denken viele zunächst an eine Verwechslung …

Das römische Weltreich war längst zusammengebrochen, die römischen Bauten, die Häuser, die Kastelle waren verfallen oder ganz verschwunden. Die Franken bewohnten das Land, über das nun ihre Fürsten herrschten. Einer der mächtigsten war König Pippin, der im Wald ein junges, hübsches germanisches Mädchen erblickte. Wie ein Nebelbild schwebte es dahin. Der König folgte ihr bis auf eine Anhöhe, von der er das umliegende Land überblicken konnte. An diesem Platz ließ er eine Kirche bauen. Der Kirche folgte ein Kloster und aus dem Kloster wurde später eine Festung, die heute noch zu sehen ist: die Wülzburg bei Weißenburg (siehe Tipp 35). Soweit die Entstehungslegende.

Der weite Blick von der Wülzburg

Tiefer Brunnen

Im Kriegsgefangenenlager

Sicher ist: Seit dem 11. Jahrhundert wird zunächst von einem Benediktinerkloster berichtet, das im Zuge der Reformation 1537 in ein weltliches Verwalteramt umgewandelt wurde, ehe es Markgraf Georg Friedrich 1588 in eine pentagonale Festungsanlage mit den Bastionen Jungfrau, Krebs, Rossmühle, Kaltes Eck und Hauptwache umbauen ließ. Der Tiefe Brunnen zur Wasserversorgung ist mit 143 Metern einer der tiefsten Festungsbrunnen in Deutschland und die Ludwigszisterne war die größte ihrer Art im Königreich Bayern. Ein Meisterstück der Baukunst: Sie fasst 1,3 Millionen Liter Wasser.

Im Ersten Weltkrieg wurde die Burg als Kriegsgefangenenlager genutzt. Prominentester Gefangener war 1918 der spätere französische Präsident Charles de Gaulle, der sogar einen Fluchtversuch wagte. Eine Erinnerungstafel an ihn befindet sich im Inneren des Torgangs.

Die pentagonale Wülzburg

Lage: Die Wülzburg liegt etwa drei Kilometer östlich von Weißenburg.

Info

Auskunft: Martin-Luther-Platz 3, 91781 Weißenburg, Tel. 09141 907124, *weissenburg.de/wuelzburg*

Aktivitäten: Burgführungen

Restaurant:

- Burgwirt: fränkische Küche mitten in der Burg mit Biergarten; Wülzburg 8, 91781 Weißenburg, Tel. 09141 9978206, *burgwirt-wuelzburg.de*

Unterkunft:

- Hotel Rose: moderne Zimmer, Restaurant; Rosenstraße 6, 91781 Weißenburg,Tel. 09141 838210, *hotel-rose.online*

37 Pappenheim

SCHILLERS VERMÄCHTNIS

„Daran erkenn´ ich meine Pappenheimer“. Wer kennt diese Redewendung nicht? Sie stammt aus Friedrich Schillers Drama „Wallensteins Tod“ und hat Pappenheim berühmt gemacht. Doch was genau hat sich da damals zugetragen und was hat das alles mit den Pappenheimern zu tun?

1594 wurde im Stadtschloss Treuchtlingen (siehe Tipp 38) der Reitergeneral Gottfried Heinrich von Pappenheim geboren: wohl ein zuverlässiger und tapferer Mann mit genauso zuverlässigen und tapferen Soldaten. Doch erst Friedrich Schiller machte diesen Gottfried Heinrich von Pappenheim und sein Regiment durch seine „Wallenstein"-Trilogie bis heute bekannt, wobei er sich für seinen Dramenstoff frei an den realen historischen Ereignissen orientierte. Im Stück war den Pappenheimern das Gerücht zu Ohren gekommen, ihr Feldherr Wallenstein führe hinter dem Rücken des Kaisers heimlich Verhandlungen mit den feindlichen Schweden und beginge damit Verrat. Als die Pappenheimer zu zweifeln begannen, ob sie Wallenstein noch vertrauen könnten, antwortete ihnen dieser mit dem berühmten Satz: „Daran erkenn´ ich meine Pappenheimer". Wohlwollend sprach Wallenstein damit den Soldaten seine Anerkennung für ihre Treue aus. Ein bleibendes literarisches Denkmal, das im Lauf der Zeit zu einer Redewendung wurde im Sinne von: Wissen, woran man mit bestimmten Leuten ist und ihre Eigenheiten, besonders ihre Schwächen kennen.

Gottfried Heinrich von Pappenheim

Interessant dabei ist jedoch, dass sich im Stück herausstellen wird, dass sich sowohl die Pappenheimer in Wallenstein täuschten, wie sich auch Wallenstein in den Pappenheimern täuschte. Vielleicht ist darin ja bereits angelegt, dass sich Sprichwörter in ihrer Bedeutung verändern können. Mit der Zeit ist die einst anerkennende Grundbedeutung der Redewendung durch Ironie verfremdet worden, jetzt im Sinne von: Ich weiß schon, wie die sind. Heute macht der Spruch sogar eher auf abschätzige Weise deutlich, dass man die wahren Absichten einer Person längst durchschaut hat. Gewissheit über die echten Pappenheimer kann man sich indes nur verschaffen, indem man ihnen einmal einen Besuch abstattet.

Auf einem Bergsporn, der malerisch in einer Flussschleife der Altmühl liegt, thront Burg Pappenheim. Bereits in vorrömischer Zeit besiedelt, erlebte sie über die Jahrhunderte hinweg etliche Erweiterungen, Umbauten und Zerstörungen. Heute sieht Burg Pappenheim so aus, wie man sich ein romantisches Burggemäuer bilderbuchmäßig ausmalt: mit Vor- und Hauptburg, Zwinger, Bergfried, Bergkapelle und einem sogenannten Kanonenweg, der das riesige Burggelände einst mit seinen imposanten Wehrgängen mit der Stadtmauer verband.

Burg Pappenheim

Von dort oben eröffnet sich einem ein wunderschöner Ausblick über die Altstadt und die zauberhafte Landschaft des Altmühltals. Die Burg ist bis heute Stammsitz der Grafen zu Pappenheim, die einst mächtige Reichserbmarschalle des Heiligen Römischen Reiches waren. Der berühmteste Pappenheimer kam allerdings, wie eingangs erwähnt, aus dem nahen Treuchtlingen. Gottfried Heinrich, der wegen seiner vielen in der Schlacht erworbenen Narben auch Schrammhans genannt wurde, führte die Kaiserlichen im Dreißigjährigen Krieg an und schrieb damit auch ein kleines Stück europäische Geschichte.

Nicht verpassen sollte man die Weidenkirche, die Naturkirche von Pappenheim. Sie ist etwa 30 Meter lang und bietet bei trockenem Wetter von April bis Oktober 150 Personen Platz. Viele Spaziergänger oder Radfahrer nutzen in der gottesdienstfreien Zeit das herrliche Naturmonument, um zwischen den Weidengewächsen innezuhalten oder Rast zu machen. Es ist herrlich, zu

Die Weidenkirche

beobachten, wie die Weidenkirche sich im Wandel der Jahreszeiten immer wieder verändert: zart sprießend im Frühjahr, üppig grün im Sommer, sich zurückziehend im Herbst, klare Konturen zeigend im Winter. Bayerns erste Weidenkirche aus mehr als tausend Weidensetzlingen bauten und pflanzten rund hundert Jugendliche in den Osterferien 2007. Stahlrohre bilden dabei ein Rankgerüst für die sieben Rundbögen des Kirchenschiffs und für die zwölf Bögen der 17 Meter hohen Kuppel.

Info

Lage: Pappenheim liegt ca. zwölf Kilometer südlich von Weißenburg.

Auskunft: Deisingerstraße 1, 91788 Pappenheim, Tel. 09143 60666, *pappenheim.de*

Event: Gottesdient in der Naturkirche, *ejb.de/was-wir-machen/spiritualitaet/weidenkirche*

Restaurants:

- Gasthof zur Sonne: Altmühltaler Lamm und Pappenheimer Dammhirsch, gehobene Küche, Terrasse, schöne Zimmer; Deisingerstraße 20, 91788 Pappenheim, Tel. 09143 837837, *sonne-pappenheim.de*
- Zum Hollerstein: Wirtshaus mit schönem Biergarten, fränkische Spezialitäten, einfache Zimmer, Kajak-Verleih; Zimmern 32, 91788 Pappenheim, Tel. 09143 753, *hollerstein.de*

Unterkunft:

- Grüner Baum: schöne Mittelklassezimmer im Grünen, mit Wirtschaft; Dr.-Berta-Kipfmüller-Straße 4, 91788 Pappenheim, Tel. 09143 258, *gruenerbaum-pappenheim.de*

38 Treuchtlingen

SPIELERISCH IN DIE VERGANGENHEIT

Auch ohne dem Zusatz „Bad“ ist Treuchtlingen durch die wohlig warm sprudelnde Burgstall-Quelle eine Thermalstadt. Karl der Große versuchte sich dort an einem ersten Rhein-Main-Donau-Kanal. Und Friedrich Schiller ehrte einen Treuchtlinger in „Wallenstein“.

Wer erinnert sich nicht an die Science-Fiction-Film-Trilogie „Zurück in die Zukunft", als Marty McFly mithilfe seines Freundes Doc Brown wundersame Zeitreisen unternahm. In die Rolle des Marty McFly kann man zwar in Treuchtlingen nicht schlüpfen, aber trotzdem führt die Reise im dortigen Museum auf Zeitreise zu Kelten und Römern. Nach dem Besuch der interaktiven Entdecker-Werkstatt weht zum Finale einen Hauch von Hollywood: Am Foto-Point stehen römische und mittelalterliche Gewänder, Trachten und Uniformen zum Verkleiden bereit.

Im Zentrum Treuchtlingens

Auch die Geschichte von Drutelinga, erstmals 899 erwähnt, bis zum heutigen Treuchtlingen ist eine Zeitreise. Um 1200 wurde die Burg erbaut, 200 Jahre später bekam man die Marktrechte und 1898 erhebt Prinzregent Luitpold Treuchtlingen wegen seiner starken Bevölkerungszunahme und des wirtschaftlichen Aufschwungs zur Stadt. Weitere hundert Jahre später wird die Burgstall-Thermalquelle als Heilquelle durch das Bayerische Staatsministerium für Landesentwicklung und Umweltfragen anerkannt. Eine Entscheidung, die Treuchtlingen bis heute prägt:

Heute sprudelt das wohlig warme Wasser aus 800 Meter Tiefe in die Becken der Altmühltherme und in der Thermenstadt wird seitdem Gesundheit, Wohlbefinden und Entschleunigung groß geschrieben.

Das Quellwasser sprudelt nachweislich schon seit 18.000 Jahren und Wasser scheint stets eine große Rolle in Treuchtlingen gespielt zu haben: Karl der Große startete hier um 793 den ersten Versuch, durch Altmühl und Rezat die Flusssysteme von Rhein, Main und Donau mit einem Kanal zu verbinden. Davon zeugt noch heute der Karlsgraben. Karl wusste: Vor der Entstehung des Ries-Kraters vor 15 Millionen Jahren floss der Ur-Main durch das dortige Tal der Donau.

Treuchtlingener Umland

Der bedeutendste Baukomplex der Stadt ist das Stadtschloss aus dem 14. Jahrhundert, in dem Reitergeneral Gottfried Heinrich von Pappenheim (siehe Tipp 37) geboren wurde. Friedrich Schiller setzte ihm in seinem Drama „Wallenstein" ein literarisches Denkmal. Auch die Burgruine Obere Veste lohnt einen Besuch:

Vom Bergfried hat man einen schönen Panoramablick. Den Turmschlüssel erhält man gegen Kaution in der Tourist-Information.

Stadtschloss

Info

Lage: Treuchtlingen liegt etwa elf Kilometer südlich von Weißenburg.

Auskunft: Heinrich-Aurnhammer-Straße 3, 91757 Treuchtlingen, Tel. 09142 960060, *tourismus-treuchtlingen.de*

Aktivitäten: *altmuehltherme.de*

Museum: *tourismus-treuchtlingen.de/sehenswertes/museum_treuchtlingen-727*

Restaurant:

- Zum Goldenen Lamm: Altmühltaler Lammbraten, schöne Zimmer; Marktstraße 16, 91757 Treuchtlingen-Wettelsheim, Tel. 09142 96890, *goldeneslamm-wettelsheim.de*

Unterkunft:

- Schloss Möhren: romantische Apartments und Turmwohnung mit Kamin; Schlossstraße 50, 91757 Treuchtlingen, Tel. 0151 14980981, *schlossmoehren.de*

39 Altmühltal

KLOPFEN, PADDELN, RADELN

Fünf bayerische Regierungsbezirke teilen sich das Altmühltal: Mittelfranken, Ober- und Niederbayern, die Oberpfalz und Schwaben. Mehr als 900 verschiedene Tier- und Pflanzenarten wurden im Naturpark entdeckt. Darunter der Urvogel Archaeopteryx und andere Fossilienstars. In fünf Hobby-Steinbrüchen kann man sich auf eine Reise durch die Evolution begeben und vielleicht sogar etwas finden.

Eine Insel und zwei Berge und – so mancher Dino- oder Flugsaurier: Vor 147 Millionen Jahren lag das heutige Altmühltal noch in einer subtropischen Insel- und Lagunenlandschaft. Im jetzigen Naturpark fand man den Urvogel Archaeopteryx und den Juravenator, Europas besterhaltenen Raubsaurier, allerdings mit einen Meter Länge einer der kleinen Art. Wie das wohl war, als noch Dinosaurier die Landschaft durchstreiften, Ammoniten, Raubfische und Krokodile das Jurameer bevölkerten, während Vorfahren der Vögel, Flugsaurier und Libellen den Himmel beherrschten? Es muss wohl eine faszinierende, wenngleich gefährliche Welt gewesen sein ...

Bei einem kleinen Ausflug nach Oberbayern bekommt man ein wenig Gefühl für diese unermesslich lange vergangene Zeit: Auf einem 1,5 Kilometer langen Erlebnispfad durch den naturbelassenen Wald des Dinosaurier Museums in Denkendorf vermitteln mehr als 70 lebensgroße und wissenschaftsgetreue Nachbildungen das einmalige Gefühl, selbst zu erleben, wie riesig so ein Saurier wirklich war. Einige sind so groß, dass sie sogar die

Dinosaurier Museum

Baumwipfel überragen. Den gewaltigen Brachiosaurus, den riesigen Diplodocus oder den gefährlichen Tyrannosaurus rex darf man sogar berühren, um die fundierten wissenschaftlichen Erkenntnisse zu den Urzeitgiganten hautnah verstehen zu lernen. Neben diesen lebensgroßen Nachbildungen gibt es auch ein Museum mit spannende Originalfossilien wie das Originalskelett des mehr als 66 Millionen Jahre alten und weltweit einzigen bislang gefundenen T-rex im Teenager-Alter. Näher kann man diesen gigantischen Urzeitwesen wirklich nicht kommen.

T-rex-Skelett

Wenn diese Wesen aus jener Zeit verstarben, versanken ihre Körper im Schlamm des Meeresgrundes, der sie luftdicht umschloss. Mit der Zeit versteinerten ihre Schalen und Knochen und die Kalkschichten pressten flach zusammen, was von Fischen, Sauriern und Pflanzen noch vorhanden war.

Nach vielen Millionen von Jahren geben uns heute ihre Fossilien einen spannenden Einblick in die damalige Welt. Mehr als 900 verschiedene Tier- und Pflanzenarten hat man als Versteinerungen im Naturpark Altmühltal entdeckt. Dabei stellten Wissenschaftler fest, dass der Archaeopteryx sowohl Merkmale von Dinosauriern wie auch von modernen Vögeln trug und er damit ein interessantes Bindeglied der Evolution ist. Im Bürgermeister-Müller-Museum von Solnhofen kann man drei dieser Urvogel-Fossilien sowie etliche andere Fossilien aus dem Jurazeitalter im Original bestaunen.

Über das Gestein des Solnhofener Plattenkalks ist im Museum auch zu erfahren, dass es der Region enormen wirtschaftlichen Aufschwung brachte. Die Erfindung der Lithografie durch Alois

Senefelder um 1800 zeigte, dass nur der feinkörnige Solnhofener Stein für solche Druckzwecke verwendet werden konnte. Im Museum sind eine Reihe von Lithografien zu sehen, die von den Möglichkeiten des Steindrucks im künstlerischen Bereich zeugen.

Wahrzeichen des Altmühltals ist der Ammonit, der wegen seines Aussehens oft umgangssprachlich auch als Schneckenstein bezeichnet wird, und den es von der Größe eines Fingernagels bis zu der eines Brotlaibes gibt. In den fünf Hobby-Steinbrüchen der Region dürfen Laien unter Aufsicht mit Hammer und Meißel auf Ammonit-Suche gehen und ihren Fund als Andenken mit nach Hause nehmen. Wissenschaftlich bedeutende Schätze verbleiben allerdings in der Gemeinde. Doch zwischen den dünnen Kalkschichten, die sich leicht parallel zur Plattenschichtung spalten lassen, finden sich mit etwas Glück auch Muscheln, Krebse, kleine Fische oder fossile Pflanzen.

Viele der Gäste besuchen den Naturpark Altmühltal aber auch, um zu wandern, etwa auf dem Altmühltal-Panoramaweg: Er führt auf 200 Kilometern entlang der Altmühl von Gunzenhausen (siehe Tipp 40) nach Kelheim quer durch den Naturpark. In ein paar Tagesetappen ist das bequem zu schaffen. Andere kommen, um Fahrrad zu fahren, wie auf dem Limes-Radweg, denn auch der Limes (siehe Tipp 8) hat entlang der Altmühl seine Spuren hinterlassen: so in Gunzenhausen und im oberbayerischen Kipfenberg, wo man übrigens auf den geografischen Mittelpunkt Bayerns stößt.

Paddeln auf der Altmühl

Für Kanuten stehen zudem rund hundert Kilometer auf der Altmühl zum Paddeln an: Das Tourenangebot reicht von ein paar

Stunden bis mehrere Tage. Das Schöne dabei: Die Altmühl ist windungsreich und der langsamste Fluss Bayerns.

Die Vielfalt im Naturpark Altmühltal ist groß: ein bisschen wie im Bilderbuch mit Wasser und Wiesen, Felsen und Dörfern, Burgen und Schlössern. Denn nicht nur Saurier, auch Ritter, Fürstbischöfe und Adeslherren hinterließen ihre Spuren. Auf den Anhöhen über dem Tal tauchen prachtvolle Burgen auf, teils liebevoll restauriert, teils nur als Ruinen erhalten. Die sehenswertesten liegen allerdings im oberbayerischen Teil: Die Burgen Altmannstein, Hirschberg, Kipfenberg und Nassenfels sind beste Beispiele.

Unter den Felsformationen ragen besonders die bizarren Zwölf Apostel heraus. Die mächtig aufragenden Dolomitfelsen zwischen Solnhofen und Eßlingen grüßen Bootsfahrer auf der Altmühl, Radler und Wanderer auf ihren Touren rund um Solnhofen. Den geologischen Untergrund der Zwölf Apostel bilden Schichtkalke des Treuchtlinger Marmors, einer Gesteinsart des Weißen

Die Zwölf Apostel

Jura. Dort entwickelten sich als erdgeschichtliche Besonderheit Schwammkalksteine, die verwitterten, sodass sich die Felsen herausbildeten.

Der Name des Tals kommt übrigens nicht von alten Mühlen, sondern von dem keltischen Begriff Alkmona, was heiliger Fluss bedeutet. Bei den Kelten galten Quellen und Flüsse stets als heilig.

Info

Lage: Das Altmühltal liegt südlich von Nürnberg und westlich von Regensburg.

Auskunft: Rathausstraße 12, 91710 Gunzenhausen, Tel. 09831 508300, *naturpark-altmuehltal.de*

Aktivitäten: *naturpark-altmuehltal.de/aktiv*; Kanuverleih: *aktivmuehle.de. naturpark-altmuehltal.de/fossiliensuche*

Museen: *museum-solnhofen.de, dinopark-bayern.de*

Restaurants:

- Mühlenwirt: Traditionslokal in der 300 Jahre alten Dorfmühle, Biergarten an der Aisch, mittwochs Livemusik; Eßlingerstraße 3, 91807 Solnhofen, Tel. 09145 836820, *gasthof-solnhofen.de*
- Gasthof Gentner: drei wunderschöne Wirtsstuben, Slow-Food-Küche, gehoben, eigenes Bier, schöne Zimmer; Spielberg 1, 91728 Gnotzheim, Tel. 09833 988930, *gasthof-gentner.de*

Unterkünfte:

- Senefelder Hof: schöne, moderne Zimmer ohne Schnickschnack, Fahrradgarage mit Schrauberecke; Senefelder Straße 15, Solnhofen, Tel. 09145 8393220, *senefelder-hof.de*
- Gasthof zur Sonne: einfache, günstige Zimmer, Restaurant; Lindenstraße 11, 91741 Wachstein, Tel. 09834 1229, *gasthof-oster.de*

40 Gunzenhausen

1200 BÄUME ZUM JUBILÄUM

Aus einem Römerkastell hervorgegangen, zeigt sich Gunzenhausen, am Altmühlsee gelegen, heute als modernes und aufgewecktes Städtchen, das aber auch einen tiefen Einblick in schrecklich-dunkle Zeiten gibt, die wieder so aktuell geworden sind.

Es ist schon paradox: Da trifft man in Gunzenhausen auf ein Hilfskrankenhaus aus dem Kalten Krieg, mit der Betonung, dass es kein klassisches Museum ist. Der Kalte Krieg wird mit den Jahren 1945 bis 1989 zeitlich definiert und inhaltlich wie folgt: „Der Kalte Krieg war mehr als 40 Jahre lang eine allgegenwärtige Bedrohung. Die Welt war geteilt, die Spannungen zwischen West und Ost verstärkten sich. Unter den Führungen der Supermächte USA und Sowjetunion begann eine ideologische Auseinandersetzung, eine Konfrontation von Kapitalismus gegen Kommunismus. Beide Mächte begannen bald nach dem Zweiten Weltkrieg mit dem Wettrüsten, auch atomare Waffen wurden angeschafft." Seit Putins Krieg gegen die Ukraine hört sich das Ganze leider wieder so nah und aktuell an, dass man das eigentlich interessante Hilfskrankenhaus vielleicht gar nicht mehr besuchen möchte ... Wer es aber tut: Die Temperatur in diesem Krankenhausbunker beträgt sommers wie winters konstant acht Grad. Also auch im Sommer einen warmen Pulli mitnehmen.

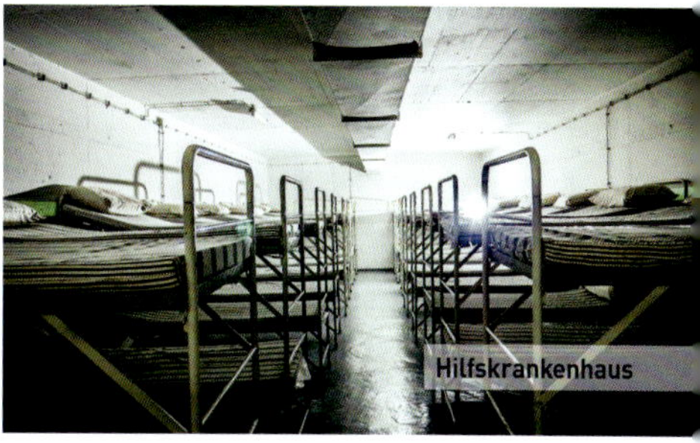
Hilfskrankenhaus

1200 Jahre alt wurde die Stadt 2023. Bürgermeister Karl-Heinz Fitz hatte die Idee, aus diesem Grund „1200 Zukunftsbäume für Gunzenhausen" zu pflanzen, was der Stadt am Altmühlsee (siehe Tipp 41) ein grünes Gesicht gibt und noch geben wird. Sie wird

Färberturm

Altmühlsee

geprägt von ihrem 33 Meter hohen Blasturm von 1603 mit eingerichteter Türmerwohnung. Der Färberturm hat den Vorteil, dass man ihn besteigen und einen Rundumblick genießen kann. Das Weebers Eck aus dem 18. Jahrhundert ist der besterhaltene und der größte zusammenhängende Teil der einstigen Stadtbefestigung mit Wehrgang. Und natürlich ist Gunzenhausen auch von dem geprägt, was die Römer hinterlassen haben: Die Stadt lag am Limes (siehe Tipp 8) und dort, wo man auf römische Spuren trifft, geben Informationstafeln genauere Auskunft.

Blasturm

Lage: Gunzenhausen liegt etwa 23 Kilometer nordwestlich von Weißenburg.

Auskunft: Rathausstraße 12, 91710 Gunzenhausen, Tel. 09831 508300, *gunzenhausen.de*

Museum: *hilfskrankenhaus.gunzenhausen.de*

Restaurant:

- Frankenhof: am Altmühlsee gelegener Landgasthof mit fränkischer Hausmannskost, einfache Zimmer; Streudorf 43, 91710 Gunzenhausen, Tel. 09831 67710, *frankenhof-altmuehlsee.de*

Unterkunft:

- Krone: frisch renovierte Zimmer, Restaurant; Nürnbergerstraße 7, Tel. 09831 883395, *krone-gunzenhausen.de*

41 Fränkisches Seenland

SIEBEN AUF EINEN STREICH

Segeln oder Surfen, Kanu fahren oder Stand-up-Paddling, Schwimmen oder Radeln, Nordic Walking oder Spazierengehen: Im Fränkische Seenland kann man jede Menge Kalorienkiller ausprobieren. Sieben Seen stehen zur Wahl: Altmühlsee, Großer und Kleiner Brombachsee, Dennenloher See, Hahnenkamm-, Igelsbach- und Rothsee.

Wenn es Kirschen gibt, ist es Hochsommer. Und wenn man am Strand faulenzt und Kirschen frisch vom Stiel isst, dann ist es ein perfekter Sommer. Abends vielleicht noch was vom Grill vorm Zelt oder Wohnwagen: Am schönsten Campingplatz der Gegend, direkt am Brombachsee in Langlau, kann man nämlich direkt am Seeufer sein Quartier aufschlagen. Was will man mehr?

Altmühlsee

Gerade mal ein Vierteljahrhundert ist das Fränkische Seenland alt. Geschaffen von Menschenhand zum wasserwirtschaftlichen Ausgleich, hat es sich schnell zum beliebten Freizeitareal entwickelt. Der Bayerische Staat investierte 450 Millionen Euro in die Entwicklung. Als eine der größten Talsperren Deutschlands entstand so auch durch künstliche Flutung 2000 der Große Brombachsee mit den beiden Vorsperren Kleiner Brombachsee und Igelsbachsee. Neben dem Hochwasserschutz des Naturparks Altmühltal (siehe Tipp 39) regelt der Brombachsee vor allem den Wasserpegel des Main-Donau-Kanals, den er für eine florierende Schifffahrt bei Bedarf immer mit ausreichend Wasser versorgt.

Damit jeder sein Plätzchen findet, wurden speziell ausgewiesene See- und Uferbereiche für Surfer und Kiter, aber auch Schutzgebiete für die Zugvögel geschaffen. Auf dem Brombachsee strampeln Familien auf dem Tretboot und natürlich sind auch die Stand-up-Paddler schon im Fränkischen angekommen. Lokalmatador Rolf Gsänger lud 2012 bis 2017 sogar die Besten im Fach SUP zum Brombachsee, auf einen Parcours, der Historie hatte: „Als Kinder sind wir immer mit dem Radl von Mühle zu Mühle gefahren", erzählt Rolf. Dann wurden die Seen geflutet und die elf Mühlen versanken. „Deshalb fuhren wir die SUP-Tour The lost Mills". Dabei wurde auch ein Weltrekord über die 200-Meter-Dis-

Rothsee

tanz aufgestellt: 49,6 Sekunden. „Aber das Beste am SUP ist, dass es wirklich jeder machen kann – von der Fünfjährigen bis zum 85-Jährigen", weiß Rolf.

Auf dem Brombach- und auf dem Altmühlsee lässt sich aber auch eine Runde mit den einzigen Linienschiffen, der „MS Brombachsee" und der „MS Altmühlsee", drehen. Die speziell als Trimaran entwickelte „MS Brombachsee" kann bei variierenden Wasserständen sogar ohne Landungsbrücken anlegen. Mit 16 Kilometer Uferlänge und 1,3 Kilometer Strand ist der Brombachsee der größte der sieben, während der Dennenloher See mit 1100 auf 280 Meter sowie einer maximalen Tiefe von 2,4 Metern eher ein Weiher ist – aber mit Strand und Kiosk. Und dort dürfen die Angler auch auf Karpfen, Zander, Hechte und Schleien gehen. Grillplätze sind gleich in der Nähe.

Brombachsee

Sogar Sturmwarnung gibt es schon mal am Brombachsee: So groß ist der! Wenn sich der Himmel spürbar verdunkelt und heftiger Wind die Wellen vor sich her peitscht, tanzen sogar kleine Schaumkrönchen auf dem Wasser. Dann suchen alle Segelboote eilig den sicheren Hafen auf. Und dann stellt sich sogar auf den schwimmenden Häusern ein wenig Bootsgefühl ein. Fest angedockt an der Steganlage des Segelhafens von Ramsberg fangen die Ferienhäuser nun an, mit den Wellen auf und ab zu schaukeln.

Das „Floating Village Brombachsee" gibt es seit 2018. Bei Touristikern und Besuchern im Fränkischen Seenland kommt das schwimmende Dorf mit seinen 19 Häusern gut an, bietet es doch die Möglichkeit, ungewöhnliche Übernachtungen auf Vier-Sterne-Niveau anbieten beziehungsweise annehmen zu können, eine Kategorie, in der es am Brombachsee kaum etwas gibt. Und bei Sturm könnte man, wenn man die Augen schließt, fast meinen, man habe gerade mit einem Boot abgelegt und Kurs hinaus auf den See genommen. Was nicht geht, denn alle Einheiten sind ohne Motor, fest mit Versorgungsleitungen für Strom und Wasser mit dem Land verbunden und an Stegen verankert. Großen Spaß macht es trotzdem.

Dennenloher See

Info

Lage: Alle Seen liegen von Weißenburg max. 30 Kilometer entfernt.

Auskunft: Hafnermarkt 13, 91710 Gunzenhausen, Tel. 09831 500120, *fraenkisches-seenland.de*

Aktivitäten: Wassersport; Ausflugsfahrt, *msbrombachsee.com*

Restaurant:

- Landgasthaus zur Linde: gehobene Küche, fränkisch und international; Spalter Straße 2, 91785 Pleinfeld-Stirn, Tel. 09144 254, *zur-linde-stirn.de*

Unterkünfte:

- Floating Village Brombachsee: gut ausgestattet mit Kamin und Terrasse, für bis zu vier Personen; Am Segelhafen 2, 91785 Pleinfeld, Tel. 089 51110201, *eco-lodges.de*
- Seecamping Langlau: Campingfässer, Mietwohnwagen; Seestraße 30, 91738 Pfofeld-Langlau, Tel. 09834 96969, *seecamping-langlau.de*

42 Ellingen

WO DER SAURIER FLIEGEN LERNTE

Ellingen kennt nicht jeder. Dabei hat sich auf dem heutigen Ellinger Gebiet so einiges zugetragen: Es war – vor rund 230 Millionen Jahren – die Heimat vom Archaeopteryx, jener Übergangsform zwischen Landsauriern und Vögeln. Ellingen liegt aber auch in einem uralten Siedlungsgebiet von Menschen: Kelten und Römer waren die bekanntesten Bewohner der Region. Der Römische Limes (siehe Tipp 8) durchschnitt das Gebiet.

Kelten und Römer, Zerstörung und Auferstehung: Ellingens Geschichte hat durchaus etwas zu bieten. Als schönstes Zeugnis für die Perle des fränkischen Barock gilt die Ellinger Residenz mit ihrer theatralischen Schauseite zum Süden.

Die erste urkundliche Erwähnung geht auf Kaiser Arnulf und 899 zurück. 1378 verlieh Karl IV. das Stadtrecht, widerrief dies jedoch zehn Tage später. Die Hexenverfolgungen um 1600 kostete mindestens 200 Menschen das Leben. Und 1633 hatte Ellingen fast keine Einwohner mehr: Der Dreißigjährige Krieg vernichtete alles.

Nur gut hundert Jahre später war Ellingen wieder präsent, lieferte Getreide an die Habsburger, Bayern und Franzosen. Das brachte Geld, erneut die Stadtrechte und Ellingen wurde zur Perle des fränkischen Barock: Eindrucksvoll an der Ellinger Residenz zu sehen, besonders an ihrer thea-

tralischen Schauseite nach Süden. Schlosskirche, -garten und -brauerei, eine Dreiflügelanlage, in der sich heute Sudhaus, Fasskeller und das „Bräustüberl" befinden, kamen später dazu. Auch das Stopfenheimer Vogteischloss zeigt Glanz und Gloria vergangener Tage. 1716 wurde es als Vogtei des Deutschen Ordens im barocken Stil über dem Vorgängerbau errichtet: eine Vierflügelanlage mit Wassergraben in Privatbesitz.

Das Rathaus ist das beherrschende Bauwerk im Herzen der Ellinger Altstadt im spätbarocken Stil. Bis 1761 diente es als Obergerichtsverwaltung mit Gefängniszellen und Pranger. Am Pleinfelder Tor ist man am höchsten Punkt der Altstadt angelangt: Die dreitürmige Anlage wurde 1660 vollendet und ist heute Museum und Wahrzeichen der Stadt. Auf der Heiligenbrücke über die Schwäbische Rezat zählt man schließlich noch acht Heiligenfiguren.

Info

Lage: Ellingen liegt etwa 3,5 Kilometer südlich von Weißenburg.

Auskunft: Schloßstraße 3, 91792 Ellingen, Tel. 09141 976543, *stadt-ellingen.de*

Museum: Spielzeugmuseum im Pleinfelder Tor

Restaurant:

- Bräustüberl: herzhafte Küche in rustikalem Ambiente, eigene Biere, Biergarten; Schloßstraße 6, 91792 Ellingen, Tel. 09141 9780, *fuerst-carl.de*

Unterkunft:

- Römischer Kaiser: elegante Zimmer mit Bildnissen römischer Kaiser in jedem Zimmer; Weißenburger Straße 17, 91792 Ellingen, Tel. 09141 9973100, *rkellingen.de*

Roth und Schwabach

Das Mühlreisighaus in Spalt

Roth und Schwabach

Fürth
Cadolzburg
Nürnberg
Zirndorf
Leinburg
3
6
Altdorf bei Nürnberg
SCHWARZACH
Rohr
50
Schwabach
REDNITZ
6
Wendelstein
Berg bei Neumarkt in der Oberpfalz
73
Postbauer-Heng
43
Roth
44
Allersberg
Abenberg
2
45
Hilpoltstein
Freystadt
49
Spalt
Georgensgmünd
Meckenhausen
48
Heideck
GROSSER BROMBACHSEE
Pleinfeld
47
Thalmässing
SCHWARZACH
46
Greding
Nennslingen
Weißenburg in Bayern
Kinding
ALTMÜHL
Pollenfeld
ALTMÜHL
Pappenheim

43 Roth

SCHWIMMEN, RADELN, LAUFEN

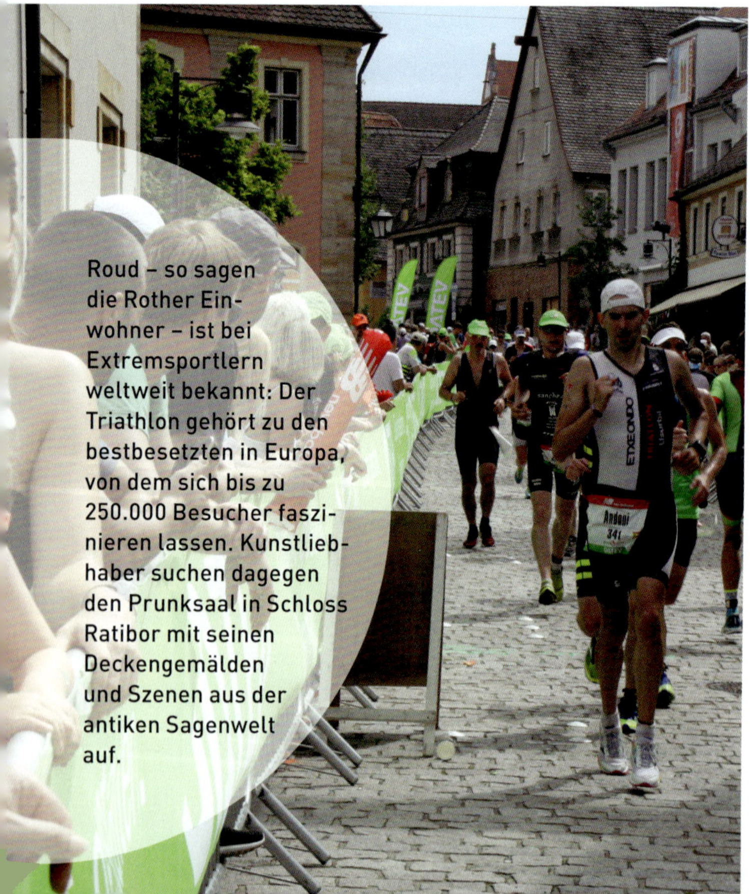

Roud – so sagen die Rother Einwohner – ist bei Extremsportlern weltweit bekannt: Der Triathlon gehört zu den bestbesetzten in Europa, von dem sich bis zu 250.000 Besucher faszinieren lassen. Kunstliebhaber suchen dagegen den Prunksaal in Schloss Ratibor mit seinen Deckengemälden und Szenen aus der antiken Sagenwelt auf.

3,8 Kilometer Schwimmen, 180 Kilometer Radfahren und 42,2 Kilometer Laufen: Für die Erstplatzierten beim Rother Triathlon heißt das mindestens gut sieben Stunden und 35 Minuten – das ist die Bestmarke – Top-Leistung, Leidenschaft, Qual und Adrenalin pur ... Die Begeisterung bei Athleten wie Zuschauern ist riesig: ob im und am Main-Donau-Kanal oder entlang der Rad- und Laufstrecken, etwa am Solarer Berg in Hilpoltstein (siehe Tipp 45), am Kalvarienberg in Greding (siehe Tipp 46) oder im Zieleinlauf. Bis zu 250.000 Zuschauer kommen! Dabei begann alles im Kleinformat: Zum ersten Franken-Triathlon 1984 kamen gerade mal 83 Teilnehmer. Daraus entwickelte sich nach und nach ein Ironman mit Europameisterschaftswettbewerben und seit 2002 die weltbekannte Challenge Roth mit bis zu 3400 Anmeldungen von Athleten aus rund 60 Nationen. Heute gilt das Ereignis als größter Triathlon über die Langdistanz weltweit. Und: Roth ist ein schnelles Pflaster, denn regelmäßig werden Bestzeiten geknackt.

Szenenwechsel: weg von schnell und schneller zu schön und schöner ins Schloss Ratibor. Wir sehen kunstvollen Stuck im marmornen Treppenhaus, intarsienreiche Holzverkleidung im Kaminzimmer, Wintergarten und Speisesaal sowie den herrlichen Prunksaal mit Deckengemälden, die Themen aus der antiken Sagenwelt zeigen, und Gobelinmalereien mit Szenen aus Homers Odyssee: Um das große Mittelbild gruppieren sich zwölf weitere Gemälde. Das gut erhaltene Schloss aus der deutschen Frührenaissance wurde bis 1538 als Jagdschloss für die Markgrafen von Ansbach errichtet. Später diente es als Landgericht, ehe es der wohlhabende Fabrikant Wilhelm von Stieber zu Beginn des 19. Jahrhunderts von namhaften Künstlern im

Schlossgarten

Stil der deutschen und italienischen Spätrenaissance neu ausgestalten ließ. Stieber stellte Leonische Waren her, also versilberte und vergoldete Drähte und daraus gefertigte Produkte. Dank der günstigen Lage der Stadt, speziell durch den Bahnanschluss 1849, blühte dieses Rother Traditionsgewerbe auf. Eine Reihe ähnlicher, kleinerer Firmen oder davon abgeleitete Fabriken für Christbaumschmuck oder Metallfolien wurden gegründet, von denen einige noch heute produzieren. 1942 ging das Schloss als Geschenk an die Stadt Roth über, die darin ein Museum, die Stadtbücherei und auch die Tourist-Information untergebracht hat.

Schloss Ratibor

Das Schloss ist ein guter Ausgangspunkt, um die kleine Altstadt mit rund 500 mal 500 Metern nach Norden hin zu erkunden. Über das Neue und Alte Rathaus sowie das Postamt im Jugendstil von 1905 gelangt man zum Marktplatz mit Alter Kanzlei und Markgrafenbrunnen, der 1757 erbaut wurde. Die barocke Brunnensäule zieren drei wasserspeiende Köpfe, ein Frauenporträt und ein Adler. Der Weg ist gesäumt von Fachwerkhäusern: Besonders schöne sieht man in der Kugelbühlstraße, wo auch zwei Stelen des „Walk of Triathlon" stehen, die auf die Verbundenheit der Stadt mit dem Triathlon hinweist.

Gauklerbrunnen

Der Marktplatz entstand im 12. Jahrhundert, zwei Jahrhunderte später bekam Roth die Stadtrechte. Zu dieser Zeit war Roth ein von Kaiser und Reich anerkanntes Asyl und weit über die Grenzen Frankens hinaus bekannt. Denn in Roth fanden alle Zuflucht, die unbeabsichtigterweise mit dem geltenden Recht in Konflikt geraten waren.

Reste der einst mit Türmen bewehrten Stadtmauer sind noch am Kugelbühlplatz zu sehen. Drei Tore führten in die Altstadt: das Untere und Obere Tor sowie das beim Seckendorff-Schlösschen erst 1719 errichtete Neue Tor. Alle drei Torbauten wurden im Laufe des 19. Jahrhunderts als Verkehrshindernisse abgerissen.

Südlich der Stadt liegt der zum Fränkischen Seenland (siehe Tipp 41) gehörende Rothsee. Der Badesee lockt auch Wassersportler und Spaziergänger an: Ein zwölf Kilometer langer Uferweg führt rund um den See.

Info

Lage: Roth liegt etwa 25 Kilometer südlich von Nürnberg.

Auskunft: Hauptstraße 1, 91154 Roth, Tel. 09171 848513, *roth.de*

Aktivitäten: Triathlon im Juni, *challenge-roth.com*

Museen: *schloss-ratibor.de, fabrikmuseum-roth.de*

Restaurant:

- Jägerhof: fränkische Spezialitäten, es gibt auch Zimmer; Äußere Nürnberger Straße 40, 91154 Roth, Tel. 09171 2038, *jaegerhof-ag.de*

Unterkünfte:

- Landhotel Böhm: Zimmer in unterschiedlicher Ausstattung, toll ist das Luxhauszimmer, Restaurant; Schwabacher Straße 1, 91154 Roth, Tel. 09171 97150, *zumboehm.de*
- Bratwursthotel: sieben Zimmer, alle thematisch rund um die Bratwurst ausgeschmückt, eigene Metzgerei und Wurstaurant: jedes (!) Gericht hat mit Bratwurst zu tun, von Bratwurstsuppe über Zwiebelrostbratwurst bis Schokoladenbratwurst, Ritterstraße 9, Georgensgmünd, Tel. 09172 488, *bratwursthotel.de*

44 Allersberg

MEHR ALS EINE AUTOBAHNAUSFAHRT

Heutzutage kennt man Allersberg vorwiegend von Autoradio, Verkehrs- und Staumeldungen. Dabei ist die kleine Innenstadt durchaus einen Spaziergang wert, vor allem wenn man sich auf die Spuren des Drahtziehers Jacob Gilardi begibt.

Wer hat schon zwei Marktplätze, die parallel zueinander verlaufen? Der Vordere Markt bildet den Ortskern und ist repräsentativer, während der Hintere Markt dafür etwas malerischer wirkt. Vorn steht das Gilardihaus, ein wunderbares Barockpalais von 1728, stolz, selbstbewusst, ein Blickfang. Das schlossähnliche Haus wurde nach Jacob Gilardi benannt, einem Mailänder, der 1708 in die leonische Drahtfabrik einheiratete und die Drahtzieherei in Allersberg zur Blüte brachte. Eine Ausstellung im Palais erzählt die ganze Geschichte. Der gleiche Architekt, der fürstbischöfliche Baumeister Gabriel de Gabrieli aus Eichstätt, erbaute auch das Heckelhaus, das Wohnhaus eines weiteren Drahtfabrikanten. Da stehen die anderen, durchaus hübschen Bürgerhäuser klar im Schatten.

Allersberg – bekannt vom Autoradio und seiner Anschlussstelle zur A9 – ist mehr als nur eine Autobahnausfahrt, nicht nur wegen seiner Marktplätze und Fabrikantenhäuser, sondern auch wegen seines Torturms und dessen wahrlich abwechslungsreicher Historie: In den vergangenen Jahrhunderten hatte der Turm nicht nur Schutzfunktion, in ihm war auch die erste Schule in Allersberg beheimatet, denn die Türmer waren gleichzeitig Schulmeister, Musikanten, Hochzeitslader und Leichenbitter, also diejenigen, die Todesnachrichten überbringen mussten, sie waren Mesner und Nachtwächter. Der Torturm war Obdachlosenasyl, Aufbewahrungsort der Löschfahrzeuge, Heimat der öffentlichen Marktwaage und berüchtigt als Allersberger Loch, das Gefängnis. Heute wird er für Ausstellungen, Kabarett und Kleinkunst genutzt. Bei einer Führung mit Schorsch, dem Nachtwächter, gibt es bei einem Rundgang durch die Gassen und Straßen der Marktgemeinde in den frühen Abendstunden weitere Geschichten vom Torturm, dem Nachtwächter und vergangenen Zeiten.

Spitalweiher

Torturm

Info

Lage: Allersberg liegt etwa zehn Kilometer östlich von Roth.

Auskunft: Marktplatz 1, 90584 Allersberg, Tel. 09176 50939, *allersberg.de*

Aktivitäten: Nachtwächter-Führung

Museum: Gilardihaus, *allersberg.de/sehenswertes/gilardihaus-5714*

Restaurant:

- Kupferkessel: regionale Küche mit frischen Fluss- und Meerestieren, Kaminofen, Garten; Guggenmühle 4, 90584 Allersberg, Tel. 09176 995399, *restaurant-kupferkessel.de*

Unterkunft:

- Hotel Schneider: moderne Zimmer, familiäre Atmosphäre; Sperlingstraße 4+5, 90584 Allersberg, Tel. 09176 1688, *hotel-pension-schneider.de*

45 Hilpoltstein

DAS BRUNNENMÄNNLEIN

Die Burg mit 22 Meter hohem Bergfried thront schon seit dem Mittelalter über Markt und Stadt, die vor tausend Jahren an der Handelsstraße von Nürnberg nach Venedig lag. Ein Spaziergang lässt noch ein wenig von der damaligen Bedeutung erahnen.

Marktgeschrei und das Klappern von Pferdehufen, die Frauen in Cotten, der Knecht in verschmutzten grauen Hosen, der Edelmann im feinen, bunten Zwirn: So mag das einst gewesen sein im kleinen Hilpoltstein. Der Markt hat mehr als tausend Jahre Geschichte aufzuweisen, weil er das Glück hatte, dass eine der wichtigen Handelsstraßen im Reich, nämlich die von Nürnberg über den Hilpoltsteiner Marktplatz nach München und weiter nach Venedig führte. Von dieser Zeit zeugt auch das 1418 errichtete Handelshaus am Marktplatz, in dem heute das Rathaus beheimatet ist. Auch der Döderleinsturm hat diese Zeiten noch gesehen: Er ist der einzige noch erhaltene Turm der Stadtmauer.

Hilpoltstein

Zu Füßen der ebenfalls rund tausend Jahre alten Burg liegt diese Stadt bis heute. Das Wahrzeichen Hilpoltsteins thront auf einem Sandsteinfelsen und zählte als Schutzburg zu den bedeutendsten Reichsburgen in Mittelfranken, mit 22 Meter hohem Bergfried und herrlichem Blick auf Stadt und Umgebung bis zum Nürn-

Burg

berger Reichswald. In den Sommermonaten bietet die Burg eine authentische Kulisse für das Mittelalterfest, Theateraufführungen oder Konzerte.

Residenz

Auch die Residenz von Hilpoltstein kann sich sehen lassen. Der Quaderbau mit kunstvollen Stuckarbeiten wurde 1619 erbaut. Im erhaltenen Hauptgebäude sind heute einige Ämter und auch die Tourist-Information untergebracht.

Ein wenig kurios ist die Geschichte vom Brunnenmännlein: Es stammt von 1560 und Hilpoltstein war zu dieser Zeit vom hochverschuldeten Pfalzgrafen auf 36 Jahre an Nürnberg verpfändet worden. Die

Fachwerkensemble in der Kirchenstraße

Nürnberger waren aber faire Landesherren und haben sich wegen der Pestgefahr sehr um eine Versorgung der Hilpoltsteiner mit gutem Quellwasser bemüht. Der Laufbrunnen vor dem Rathaus wurde deshalb mit dem Brunnenmännlein gekrönt. Sein Schild zeigt das Wappen von Nürnberg und das Herzschild das Wappen von Hilpoltstein. Im 19. Jahrhundert wurde es allerdings gestohlen, sogleich aber wieder ersetzt. Auf dunklen Wegen kaufte man später das Original zurück und brachte es ins örtliche Museum Schwarzes Roß.

Info

Lage: Hilpoltstein liegt ca. zehn Kilometer südöstlich von Roth.

Auskunft: Kirchenstraße 1, 91161 Hilpoltstein, Tel. 09174 978505, *hilpoltstein.de*

Museum: Schwarzes Roß, *hilpoltstein.de/sehenswertes/museum_schwarzes_ross_hilpolts-5858*

Event: Mittelalterfest, Theateraufführungen, Konzerte, im Sommer auf der Burg

Restaurant:

- Gasthof Bögl: fränkische Küche im Fachwerkhaus, einfache Zimmer; Zwingerstraße 8, 91161 Hilpoltstein, Tel. 09174 1205, *gasthof-boegl.de*

Unterkunft:

- Hotel Johanns: sehr schöne Zimmer mit viel Holz, Sauna; Christoph-Sturm-Straße 25, 91161 Hilpoltstein, 09174 976360, *johanns-hotel.de*

46 Greding

EINE KAPELLE VOLLER SCHÄDEL

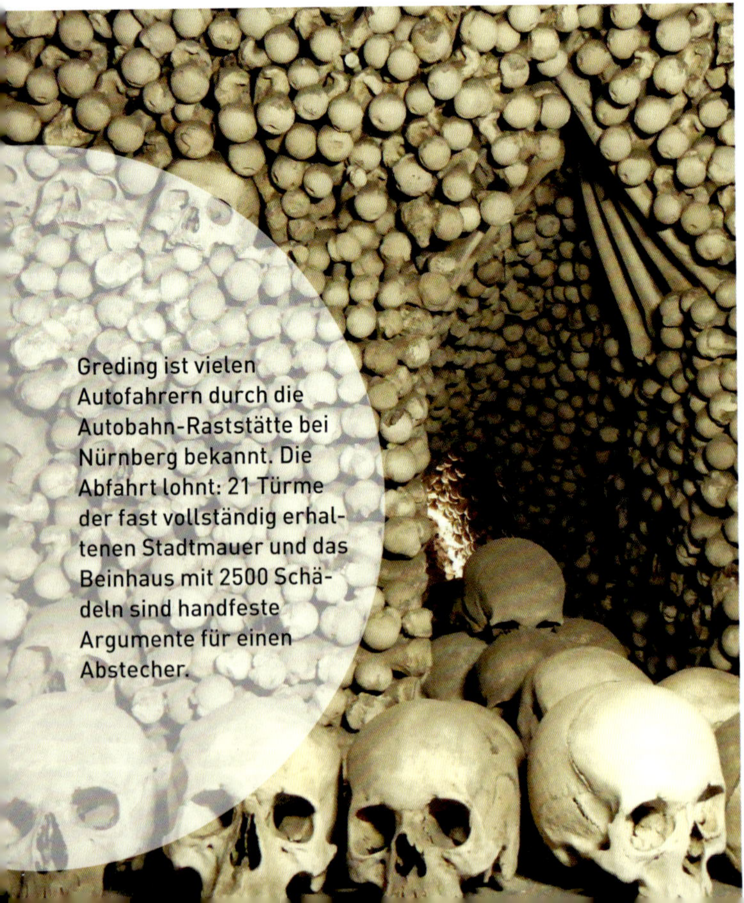

Greding ist vielen Autofahrern durch die Autobahn-Raststätte bei Nürnberg bekannt. Die Abfahrt lohnt: 21 Türme der fast vollständig erhaltenen Stadtmauer und das Beinhaus mit 2500 Schädeln sind handfeste Argumente für einen Abstecher.

Wenn Gredinger Trachtenmarkt ist, sind kaum ein Pulli oder Jeans auf den Straßen zu sehen: Dann sind (fast) alle in Tracht, im Dirndl, in der Krachledernen, mit allen Accessoires vom filigranen Damenhütchen bis zum rustikalen Haferlschuh. Es wird musiziert, getanzt und natürlich das eine oder andere Stück erworben.

21 Türme umrahmen die historische Altstadt, über der die romanische Basilika St. Martin thront. Die Wehrmauer ist fast vollständig erhalten. Aber das Herz der Stadt ist der fast authentisch erhaltene spätmittelalterliche Marktplatz mit dem barocken Gebäude-Ensemble aus dem den Platz dominierenden Fürstbischöflichem Jagdschloss (1696), dem Jägerhaus (1741) und Rathaus (1699).

Im Beinhaus der Michaelskapelle wird es dann bizarr: Schädel sind akkurat aufgereiht, mehr als 2500 an der Zahl! Das Beinhaus

Rathaus

wurde wohl aus Platzmangel innerhalb des ummauerten Friedhofs im 14. Jahrhundert eingerichtet. Der Gredinger Seelenkeller gehört zu den größten Beinhäusern in Bayern.

Noch älter sind die Exponate im Archäologie Museum. Es zeigt spektakuläre Funde aus Greding und Umgebung. Einige dieser Funde haben durch wissenschaftliche Rekonstruktion ihr menschliches Antlitz zurückerhalten. An den Gebeinen konnte man die Härten ihres Alltags, Krankheiten und die Umstände ihres Todes ablesen. Ihre Geschichten werden erzählt, Übergänge von Raum

Wehrmauer

Kaisinger Tal

zu Raum und von Epoche zu Epoche sind erlebbar.

Ein Ausflug lohnt zu den Kalksinterterrassen im Kaisinger Tal, wo Wasser unterirdisch durch verkarstetes Juragestein fließt und Kalk auflöst, der sich an der Luft ablagert. Das so entstehende Gestein heißt Kalksinter. Da im Kaisinger Tal aber bei der Gesteinsbildung auch Moose und Algen beteiligt sind, spricht man von Kalktuff, wobei die Natur auch Fichtennadeln, Blätter, Ästchen, Schneckenhäuser und tote Insekten als „Baumaterial" verwendet hat.

Info

Lage: Greding liegt etwa 32 Kilometer südöstlich von Roth.

Auskunft: Marktplatz 8, 91171 Greding, Tel. 08463 90420, *greding.de*

Aktivitäten: Ausflug zu den Kalksinterterrassen

Museum: Archäologie Museum, *archaeologie-museum-greding.byseum.de*

Event: Gredinger Trachtenmarkt, Anfang September

Restaurant:

- Gasthaus Gmelch: Holzofenbrot, Fleisch- und Wurstwaren aus eigener Herstellung, Biergarten; Sommerleite 2, 91171 Greding,Tel. 08463 318, *gasthaus-gmelch.de*

Unterkunft:

- Krone: große Zimmer, Restaurant; Marktplatz 1, 91171 Greding,Tel. 08463 65280, *krone-greding.de*

47 Thalmässing

DIE ELF APOSTEL

Gleich nach dem Kindinger Berg und Greding liegt – vom Süden kommend – Thalmässing. Unweit der A9 ist der Markt seit der Reformationszeit eine evangelische Enklave mit ungewöhnlich vielen Kirchen für gerade mal gut 5000 Einwohner.

Etwas außerhalb von Thalmässing stehen die elf Apostel: Es sind weder Statuen noch Büsten, sondern elf ausgewachsene Bäume. Auf dem Landeck gruppieren sich die zehn alten, großen Linden im Kreis um eine elfte Linde. Der zwölfte Apostel steht etwa hundert Meter von der Baumgruppe entfernt und stellt den ausgeschlossenen Verräter Judas dar.

Die elf Apostel

Überraschenderweise ist die Thalmässinger Bevölkerung überwiegend evangelischen Glaubens. Entsprechend gibt es nur drei katholische Gotteshäuser, aber ein Dutzend evangelische. Wer Kirchen liebt, der ist in Thalmässing richtig: ob St. Lorenz mit Spitzturm oder St. Michael mit Zwiebel, St. Gotthard als Wahrzeichen oder St. Martin im Markgrafen-Stil – allesamt sind sie evangelisch. Das Synagogengebäude wurde im Zweiten Weltkrieg als Getreidespeicher und dann bis in die 1960er-Jahre als Turnhalle zweckentfremdet, ehe es 1972 abgerissen wurde. Auf dem Grundstück steht nun ein Wohnhaus. Nur ein Gedenkstein erinnert an das ehemalige jüdische Zentrum.

Schloss Eysölden

Über allem thront allerdings die Burg Stauf auf 535 Meter Höhe. Mehr als tausend Jahre ist sie alt, wurde mehrfach zerstört und wiederaufgebaut, aber erhalten sind heute nur noch der untere Teil des Bergfrieds von 1328 sowie einige Mauerreste. Ein privater Besitzer hat sich einen Burgbereich als Wohnung ausgebaut, die aber nicht besichtigt werden kann. Auch Burg Altenberg ist eine abgegangene hochmittelalterliche Adelsburg. Man vermutet, es könnte sich um eine Vorgängeranlage der nahen Burg Stauf handeln. Schloss Eysölden ist da zwar sehr viel besser in Schuss, aber ebenfalls in Privatbesitz. Nur die Gaststätte kann betreten werden.

Der große Marktplatz zeugt von der Wichtigkeit und Bedeutung Thalmässings als Marktort in der Vergangenheit. Dominiert wird

Marktplatz

Schöne Aussicht

der Platz vom ehemaligen Rathaus von 1828, Gebäuden aus dem 18. und 19. Jahrhundert sowie dem 1907 eingeweihten Kriegerdenkmal: ein Mahnmal für die in allen Kriegen Gefallenen.

Info

Lage: Thalmässing liegt etwa 22 Kilometer südöstlich von Roth.

Auskunft: Stettener Straße 26, 91177 Thalmässing, Tel. 09173 9090, *thalmaessing.de*

Museum: Archäologisches Museum

Restaurant:

- Schlossschänke: Slow Food, viele Events, deshalb eingeschränkte Öffnungszeiten, Zimmer; Eysölden G 7, 91177 Thalmässing, Tel. 09173 537, *schloss-eysoelden.de*

Unterkunft:

- Thalmässinger Landgasthof: drei Sterne, modern, schick, Restaurant, Sauna, Dampfbad; Bahnhofstraße 11, 91177 Thalmässing, Tel. 09173 833, *thalmaessinger-landgasthof.de*

48 Heideck

DAS LÜSTERWEIBCHEN

Die Eintrommler beim Heimatfest, das Fischerstechen am Wäschweiher, versteckte Schmuseecken für Verliebte und die Frage: Wie lebten eigentlich die Ritter? Das kleine Heideck weckt so manche Begehrlichkeit – auch was das Lüsterweibchen angeht ...

Warum haben die Heidecker dem Stadtpfarrer einst 32 Mark für Kerzen bezahlt? Und wohin sind die Verliebten in Heideck nach einem Tanzabend gegangen, damit sie in Ruhe schmusen konnten? Nachtwächter Markus Steib hat die Antworten und nimmt die Gäste mit auf eine kleine Zeitreise: „Sie war schon weithin sichtbar auf dem 607 Meter hohen Schlossberg", beginnt er: „Die Burg Heideck von 1270, eine abgegangene Festung, von der schon um 1900 keine Relikte mehr zu sehen waren." Und dennoch ist sie historisch wichtig: In ihr wurde die nahe Stadt Heideck 1288 von den Herren von Heideck gegründet. Und mit ihr wuchs die Stadt, denn die Steine der Burg kamen dem Hausbau im Dorf zu Gute und der Burgfelsen wurde zum Steinbruch.

Rathaus

Im Frühjahr, wenn die Bäume blühen, sieht der Schlossberg aus wie ein Blütenmeer in Weiß. Er dient der Naherholung mit dem Ziel, die Burg in Erinnerung zu behalten: So gibt es einen Erlebnisspielplatz zum Thema „Wie lebten die Ritter" und einen Freizeitbereich „Aktiv und Ausruhen", der mit einem Niedrigseilgarten und etlichen Sitz- und Liegemöglichkeiten ausgestattet ist.

Im Hier und Jetzt besucht man mit Heideck ein typisch fränkisches Städtchen mit nicht einmal 5000 Einwohnern, jedoch mit einem hohen, mächtigen Stufengiebelhaus, dem Rathaus, und kleineren Fachwerkhäusern. Eine Besonderheit im Rathaus ist der aus dem 16. Jahrhundert stammende Leuchter des Bürgersaals mit dem Namen Lüsterweibchen. Darunter versteht man einen Kronleuchter, an dessen Enden eine weibliche Halbfigur sitzt. Da recht selten, hatte das Bayerische Nationalmuseum Begehrlichkeiten, dieses Lüsterweibchen nach München zu schaffen. Heideck konnte diese jedoch mit vereinten Kräften abwenden.

Beim Heidecker Heimatfest ist der ganze Ort auf den Beinen: Es beginnt mit dem traditionellen Eintrommeln, dem Bieranstich durch den Bürgermeister und wird fortgeführt mit einem Trödelmarkt und dem Fischerstechen, bei denen die Gladiatoren des

Kreisverkehr mit Strauß

Wäschweihers versuchen, ihre Gegner mit einer langen Lanze ins Wasser zu befördern. Festzug, Fahrgeschäfte und Familientag mit ermäßigten Preisen runden die Sommertage ab.

Freibad

Info

Lage: Heideck liegt ca. 15 Kilometer südlich von Roth.

Auskunft: Marktplatz 24, 91180 Heideck, Tel. 09177 49400, *heideck.de*

Aktivitäten: Niedrigseilgarten Schlossberg, großes Freibad

Event: Heimatfest, drittes Juli-Wochenende

Restaurant:

- Lindwurmbräu: Steaks, Schnitzel, auch in S(mall) und M(edium); Hauptstraße 18, 91180 Heideck, Tel. 09177 4856633, *heidecker-lindwurmbraeu.de*

Unterkunft:

- Schloss Kreuth: geräumige Zimmer, Weinstube, Sauna, Reitsportzentrum; Schloss Kreuth 1,91180 Heideck, Tel. 09177 1600, *schlosskreuth.de*

49 Spalt

HOPFEN, BIER UND SPALT

Wenn in Bayern das große München die Bierstadt ist und Oberfranken die Bierregion, dann müsste Spalt die Biergemeinde des Bundeslands sein, denn dort dreht sich wirklich fast alles ums Bier. Es gibt sogar Bierbrot, Biertrüffel und Bier-Cocktails sowie das Hopfenzupferfest.

An Selbstbewusstsein fehlt es offenbar nicht in Spalt: „Was wir insgeheim schon lange wussten, jetzt sagen wir es auch: Spalt ist die schönste Hopfen- und Bierstadt der Welt. Wo die Natur so prächtig gedeiht, geht es auch den Menschen gut", heißt es vollmundig in einer Broschüre. „Ned hudeln", sagen die Spalter. Nicht eilen. Langsam tun. Sich hinsetzen, das Handy ausschalten, reden, lachen oder einfach mal nichts sagen. Und auf jeden Fall ein Bier trinken. Denn Bier und Spalt gehören einfach zusammen. Seit 450 Jahren schon und seit 1879 dürfen sich die rund 5000 Spalter Bürger als Brauereibesitzer bezeichnen, denn nur in Spalt gibt es eine kommunale Brauerei. Die einzige in Deutschland stellt mit Spalter Aromahopfen rund 25 verschiedene Biersorten her, ausschließlich nach dem Reinheitsgebot von 1516.

Es gibt es die ProBierBar, die ProBierStund, Braukurse, in denen man sein eigenes Bier brauen kann, Bierseminare, das jährliche Hopfenzupferfest mit Hopfenzupferwettbewerb sowie Inthronisation der Hopfenkönigin, die es neben der Spalter Bierkönigin auch noch gibt. Bier kommt in die Speisen, ob ins Spalter Bierbrot oder in die Spalter Biertrüffel, aber auch in Bier-Cocktails. Und es gibt noch das Mühlreisighaus in Spalt, sicherlich das schönste Hopfenbauernhaus Deutschlands: 1746 fertiggestellt, ist es das beeindruckendste unter den vielen Hopfenhäusern der Stadt. Die hochgezogene Architektur ist geprägt von den gebrochenen Steilsattel-

Mühlreisighaus

Museum

dächern und den mächtigen Fachwerkgiebeln. Da der Hopfenbau große Dachvolumen zum Trocknen und Lagern erforderte, besitzen die Hopfenhäuser bis zu sechs Dachgeschosse. Wer mehr Details wissen möchte: Im Museum HopfenBierGut weiß man über das alles Bescheid ...

Aber natürlich hat die Stadt auch noch etwas anders als Bier zu bieten: Über Spalt thront die Burg Wernfels, in der eine Jugendherberge untergebracht ist. Darunter findet man die Stadtmauerbefestigung mit Toren und Türmen, Handwerkstuben und das Feuerwehrmuseum im Alten Rathaus, hochgiebeligen Fachwerkhäuser wie das Kornhaus oder das außergewöhnliche Schlenzgerhaus. Dieses etwa um 1700 erbaute bizarr romantische Fachwerkhaus ist nach einem früheren Besitzer benannt. Seine westliche Mauer ist identisch mit der Stadtmauer. Dort ist sogar noch ein zugemauertes gotisches Spitzbogentor zu erkennen. Im Kornhaus, ehemals der fürstbischöfliche Zehentstadel

Burg Wernfels

(1457), findet man seit 2015 das Museum HopfenBierGut und die Tourist-Info. Und vom Alten Rathaus wird an Wahlsonntagen etliche Male die im kleinen Dachreiter hängende Glocke geläutet wird, um die Bürger aufzurufen, ihre Stimmen abzugeben.

Spalt gehört zu den Cittaslow-Städten: Wo der Mensch noch das Langsame anerkennt, den wohltuenden Rhythmus der Jahreszeiten, die Echtheit der Produkte und Bräuche, den Geschmack und die Gesundheit achtet. Nur „ned hudeln" eben ... Die Spalter können das.

Info

Lage: Spalt liegt etwa 16 Kilometer südwestlich von Roth.

Auskunft: Gabrieliplatz 1, 91174 Spalt, Tel. 09175 796550, *spalt.de*

Aktivitäten: *spalter-bier.de/hopfenbiergut/braukurse*

Museum: *hopfenbiergut.de;* Feuerwehrmuseum, *spalt-tourismus.de*

Event: Hopfenzupferfest, *spalter-hopfen.de*

Einkaufen: *spalter-bier.de*

Restaurants:

- Gasthof Blumenthal: gehobene regional-saisonale Küche, Forellen und Saiblinge aus eigener Zucht; Stiegelmühle 42, 91174 Spalt, Tel. 09873 332, *gasthof-blumenthal.de*
- ProBierBar: jeden Monat ein neues Bierthema mit Verkostungen mit dem Biersommelier im Museum HopfenBierGut; Gabrieliplatz 1, 91174 Spalt, Tel. 09175 796550, *spalt.de*

Unterkunft:

- Jugendherberge Burg Wernfels: neben Mehrbett- auch 23 moderne 2-Bett-Zimmer, 18 davon mit Dusche und WC; Burgweg 7-9, 91174 Spalt, Tel. 09873 976120, *burg-wernfels.de*

50 Schwabach

ALLES GOLD, WAS GLÄNZT

In amerikanischen Westernfilmen beißen die harten Jungs immer auf ihren Gold-Dollar, um zu sehen, dass er echt ist. Dabei ist Gold viel weicher als andere Metalle, sehr dehnbar und lässt sich sogar auf ein zehntausendstel Millimeter breitschlagen. Ein Goldschläger aus Schwabach erklärt, wie das geht – und das ganze Städtchen wird vom Edelmetall geradezu überstrahlt.

Eigentlich wollte Werner Auer Masseur werden. Zu seiner Zeit war allerdings ein Alter von 18 Jahren vorgesehen, um eine Lehre beginnen zu können. Also dachte sich Werner: „Wenn nicht Mensch, dann Gold!" Und so begann er 1983 mit 15 Jahren eine dreijährige Goldschlägerlehre. „Damals gab es noch 16 Betriebe mit rund 30 Goldschlägern in Schwabach. Dazu kamen je vier Frauen als Goldbeschneiderinnen und Helferinnen. Eine von ihnen war meine Schwester." Pro Woche wurde ein Kilogramm Gold verarbeitet.

Werner ist längst Meister seines Fachs und zeigt heutzutage sein Handwerk im Auftrag der Stadt den Gästen von Schwabach, denn im Goldschlägerschaupavillon und im Stadtmuseum ist jeweils eine traditionelle Goldschlägerwerkstatt aufgebaut. Darin erklärt Werner den Besuchern den komplizierten Arbeitsvorgang bei der Goldschlägerei. Das Gold wird geschmolzen, gegossen, zu einem Goldband ausgewalzt, gequetscht und immer wieder mehrfach geschlagen und beschnitten, bis es abschließend ein Maß von acht mal acht Zentimetern hat und nur noch ein zehntausendstel Millimeter dünn ist.

Werner Auer

Doch wie kam das Handwerk ausgerechnet nach Schwabach? „Die Goldschläger arbeiteten Anfang des 16. Jahrhunderts alle in Nürnberg" (siehe Tipp 10), erklärt Werner. Doch aufgrund der restriktiven Handwerksordnung wanderten einige ab und ein gewisser Jakob Ratzert merkte, dass in Schwabach nur drei bis vier Pressvorgänge nötig waren gegenüber zehn bis zwölf in Nürnberg. Für die Herstel-

Der Goldschläger beim Gold schlagen

lung von Blattgold wird nämlich ein trockenes Klima benötigt, das durch Schwabachs Mikroklima mit seiner Kessellage und dem sandigen Untergrund gegeben war. Auch der Schlagstein muss stets auf Sand stehen, um die Schläge abzufedern.

Anfang des 20. Jahrhunderts erreichte das Handwerk in Schwabach seine Blüte: In rund 130 Betrieben waren bis zu 1200 Personen beschäftigt. Heute gibt es nur noch zwei Betriebe: Sie kaufen das Gold weltweit ein, bearbeiten es zu Blattgold und verkaufen es wieder in alle Welt. Blattgold wird traditionell für die Vergoldung von Kirchen- und Kunstdenkmäler verwendet, findet aber auch bei der Porzellan- und Glasherstellung sowie im medizinischen Bereich Verwendung.

In Schwabach ist Blattgold allgegenwärtig. Am Postgebäude veredelt der goldene Schriftzug „Stille Post" den hässlichen Bau. Die Dachtürme des Rathauses am Königsplatz, wo auch der Schöne Brunnen, ein barocker Obeliskenbrunnen, steht, sind komplett vergoldet: Das Gold für die tausend Ziegel finanzierten die Schwabacher Bürger über 2000 Anteile. Obwohl schon 20 Jahre alt, glänzen die Türmchen auch bei Schlechtwetter: ein eindeutiges Indiz, das handgeschlagenes Schwabacher Blattgold verwendet wurde und

Goldband

Die goldenen Dachtürme des Rathauses

nicht industriell gefertigtes. Das bröselt häufig schon nach zwei, drei Jahren ab und hat sichtbar weniger Glanz. Im Rathaus wurde unter Verwendung von 14.000 Blatt Gold aus Schwabach zudem der Sitzungssaal gestaltet, der jetzige Goldene Saal. (siehe Foto S. 276). Auch den goldenen Findling haben die Bürger selbst vergoldet und das goldene Ei soll von einer kleinen zerrupften Henne gelegt worden sein, womit sich wie immer die Frage stellt: Wer war nun zuerst da? Ei oder Henne? Sehr modern ist die Maria im Zeichen des Goldes und sehr schön die Victoria, ein überlebensgroßer Schutzengel, der auf dem Dach einer Anwaltskanzlei sitzt. Und am eigenen Haus hat auch Werner Auer drei vergoldete Ziegel integriert. Es sind seine Lieblingsblattgoldstücke.

Das goldene Ei

Während seiner aktiven Schlagzeit hatte Werner einen Sixpack-Bauch und einen Bizeps mit 44 Zentimetern Umfang. Das Doppelte eines durchschnittlichen Bizeps! Arnold Schwarzenegger lag zu seiner besten Zeit nur ein paar Zentimeter über Werners Wert. „Beim Armdrücken", erzählt der Goldschläger, „hatten die im Fitnessstudio gestählten US-Soldaten aus Schwabach keine Chance gegen mich ..." Wenn wundert's bei rund 12.000 Schlägen mit einem Zwölf-Kilogramm-Hammer pro Tag!

Die goldene Victoria

Blattgold

Ein Blatt Blattgold mit acht mal acht Zentimetern Größe kostet keine zwei Euro. Am besten wird es mit Leinöl verklebt. So machten es schon die alten Ägypter, die Blattgold bereits vor 4000 Jahren verarbeiteten. In Europa ist die Herstellung des Blattgoldes seit den Römern bekannt. Im Mittelalter wurde das Handwerk von Mönchen, später von selbstständigen Handwerkern ausgeübt. Augsburg, Nürnberg und später Schwabach waren die wichtigsten Städte, in denen Blattgold geschlagen wurde.

Das Schwabacher Blattgold erfreut sich größter Beliebtheit. Die Siegessäule in Berlin und der Invalidendom in Paris sind damit verziert, der Felsendom in Jerusalem, aber auch der Istana Nurul Iman Palast von Brunei. Und wer erinnert sich nicht an Franck Ribérys Blattgold-Steak, das in Dubai 1200 Euro kostete? Werner bringt die Summe in Relation: „Ich schätze, der Goldwert auf dem Fleisch betrug nicht mehr als zwei Euro ..." Aber auch im Schwabacher Gasthof „Stern" gibt es auf Anfrage vergoldete Speisen: Der Dessertteller mit original Schwabacher Blattgold kommt aber nicht einmal auf 20 Euro. Schwabacher ist das einzige Blattgold in Deutschland, das eine Lebensmittelzulassung hat.

Goldschlägerdenkmal

Nur schade, dass das Handwerk in Deutschland aussterben wird. Es gibt keine Innung und keine Interessenten an einer Lehrstelle. Europa hat noch sieben

Goldschläger, zwei davon sind Deutsche – beide aus Schwabach. Und ein weiterer Schwabacher arbeitet in Australien. „Wenn man immer mit Gold zu tun hat, verliert es etwas an Faszination", sagt Werner Auer und deutet auf das Goldschlägerdenkmal: „Es zeigt einen früheren Obermeister der Goldschläger-Innung" – mit Schlagstein, Hammer, Schlagform und Schürze. Doch welch eine Überraschung: Er ist nicht vergoldet …

Info

Lage: Schwabach liegt etwa zehn Kilometer nördlich von Roth.

Auskunft: Königsplatz 1, 91126 Schwabach, Tel. 09122 860241, *schwabach.de*

Aktivitäten: Führung „Mit dem Goldschläger durch Schwabach"

Museum: *schwabach.de/de/kulturportal-stadtmuseum*

Event: Goldschlägernacht, jedes zweite Jahr im August

Einkaufen: *noris-blattgold.de;* Goldstreuer für Sekt oder Essen und ähnliches im Rathaus-Shop

Restaurants:

- Der Stern: wurde schon im Mittelalter als Gasthof geführt. Auf Vorbestellung gibt es Gold aufs Essen. Gehobene Küche; Königsplatz 12, 91126 Schwabach, Tel. 0151 25321800, *der-stern.com*
- Weißes Lamm: Wirtschaft seit 1566, sogar Goethe war Gast. Heute das italienische Ristorante Fabiano; Königsplatz 33, 91126 Schwabach, Tel. 09122 8862470, *fabiano-schwabach.de*

Unterkünfte:

- 24Seven Hotel: modern, schlicht, funktional, günstig. Check-in am Terminal rund um die Uhr; Flurstraße 105, 91126 Schwabach, Tel. 09122 8896440, *24seven-hotel.de*
- Hotel Centro: helle, freundliche Zimmer mit mediterranem Ambiente; Südliche Mauerstraße 9, 91126 Schwabach, Tel. 09122 873200, *hotelcentroschwabach.de*

Das kleine Wörterbuch

Wenn Weltmeister, Weltfußballer und Franke Lothar Matthäus, bekannt als der Loddar, loslegt, bleibt fürs Hochdeutsche kaum mehr Platz. Und man kann bestens hören, was das Fränkische existenziell ausmacht: Franken brauchen nicht alle 26, sondern nur 24 Buchstaben unseres Alphabets. P und T werden grundsätzlich durch B und D ersetzt. Da geht der Baul also durch die Dür. Auch das K wird häufig weich als G ausgesprochen und so mancher Vokal weggeschluckt, zum Beispiel: der Paul aus Franken ist im Fränkischen der Baul aus Frrrangn. Denn auch am rollenden R erkennt man gerade einen Unterfranken am besten. Und wenn er versucht, hochdeutsch zu sprechen, kommt manchmal Verheerendes dabei raus: Da war dann tie Toris in Tortmund ...

A

Abbord – Toilette
Abodegn – Apotheke
Alaa – allein
Auswäddicher – Auswärtiger
A weng – ein wenig

B

Babberdeggl – Karton
Babbm – Mund
Badscherla – Hand
Bagg mers – los geht's
Basd scho – in Ordnung, ja
Blotz – Kuchen vom Blech
Brässierd ned – es eilt nicht
Broudwöaschd – Bratwurst
Bsuffn – betrunken
Bürschla – Junge

D

Damisch – schwindlig
Der fährt wie a gsengte Sau – er fährt sehr schnell
Des is mer woschd – das ist mir egal
Des lebberd si zam – das summiert sich
Doddn – Torte
Dreivierdl Fünfa – dreiviertel Fünf, 4:45 oder 16:45 Uhr
Dunnerkeil – Ausdruck des Erstaunens, Entsetzens; z. B. dunnerkeil, is des schwer

E

Eichene(r) – eigene(r)
Erbat – Arbeit

F

Fei – Betonung einer Aussage; z. B. des is fei schwer
Ferdl Sechsa – Viertel Sechs, 6:15 oder 18:15 Uhr
Fizzerla – kleines Stück Papier
Fraali – selbstverständlich, natürlich

G

Gaggerla – Ei
Gebabbel – Gerede, Gespräch
Ghubfd wie gschbrunga – das ist das Gleiche
Greina – weinen
Grischberla – dünner Mensch
Gschmarri – dummes Gerede

H

Hä – wie bitte
Halbe Achda – halb Acht, 7:30 oder 19:30 Uhr
Halt die Babbm – sei ruhig

M

Madla – Mädchen
Muggn – Stubenfliege
Muggngbadschn – Fliegenklatsche

N

Nauf und nunner – rauf und runter
Neigschmegder – Eingeheiratete
Neischbachdln – schnell essen

O

Obachd – pass auf

R

Redur – rückwärts
Rutschala – kleiner Kochtopf

S

Sabberlodd – nicht schlecht
Schdahard – steinhart
Schnougn – Stechmücke
Schobbn – Schoppen
Siggs des – siehst du
Sumbfhenna – dumme Frau

U

Ums orschleggn – das war knapp

V

Veregger – frecher Junge
Verrazzd – aufgeschmissen

W

Waadschn – Ohrfeige
Weggla – Brötchen

Register

Weinberge im Steigerwald

Bildnachweis:

Alle Bilder von Jochen Müssig, außer Adobe Stock Cover, S. 84 | Andreas Kirchmayer-Stadt Lauf S. 124, 125, 126u | Andreas Praefcke, CC BY 3.0 S. 41u | Andreas Walter S. 240u | Andreas_Baumann S. 257 | Axel Eisele S. 148u | baiersdorf_krenweiber2(c) stadt_beiersdorf-m_kunert S. 168u | Bayerische_ Schlösserverwaltung S. 36 | bayerische_schlösserverwaltung-veronika_freudling S. 74/75 | Bbb at wikivoyage shared, CC BY-SA 3.0 S. 261, 262 | Benreis at wikivoyage shared, CC BY-SA 3.0 S. 108 | Bernhard_Bergauer S. 240o, 258-259 | Brigitte Behr-Stadt Spalt S. 274o | BRV-Renate_Hans S. 47 | Bundesarchiv, CC-BY-SA 3.0 S. 104 | Burg_Colmberg S. 46o | Carsten Steger, CC BY-SA 4.0 S. 243 | Chris Baier (chrisglub), wwwchrisbaiercom, CC BY-SA 2.5 S. 103 | Christa_Link S. 220, 221 | CVJM Burg Wernfels S. 274u | DALIBRI, CC BY-SA 4.0 S. 97 | David Osswald S. 153 | Derzno, CC BY 3.0 S. 263 | Dguendel, CC BY-SA 3.0 S. 130u | Dietmar Denger S. 208/209, 212-214o, 216-218, 223, 224, 225, 227, 234, 235u-237 | Dinosaurier_Museum_Altmühltal S. 229, 230 | erlangen_theater(c) jochen_quast S. 162o | Erlebe Bayern-Peter von Felbert S. 226 | ETM-Arne Seebeck S. 160, 162u, 163 | ETM-Daniel Böhm S. 158, 161o, 165 | ETM-Thomas Dettweiler S. 161u | Flodur63, CC BY-SA 4.0 S. 23, 182 | Florian_Trykowski S. 31, 32, 37, 38 | Foto-Heckel-Bad_ Windsheim S. 190-194 | Franzfoto, CC BY-SA 3.0 S. 126o, 256 | Fred Romero from Paris, France, CC BY 2.0 S. 101 | Freimüller S. 235o | gemeinde_möhrendorf S. 166, 167 | Gemeinde_Solnhofen S. 232 | Gunzenhausen-Dietmar_Denger S. 238, 239 | Hartmut Assel S. 12, 203 | Howwi, CC BY-SA 3.0 S. 176o | Jarlhelm, CC BY-SA 3.0 S. 106 | Jonoro Pixaybay S. 82 | Jörg Wiegels, CC BY-SA 3.0 S. 18o | Julian Karch-Markt_Thalmässing S. 264, 266-267 | Karl Nömayr pixabay S. 92 | Karten – Mapcreator.io, OSM.org, ©DLR, ©Airbus Defense and Space, ©Copernicus S. 24, 25, 29, 77, 115, 135, 157, 181, 211, 247 | Kilian Reil S. 154/155 | kommunale_allianz_drei-franken-eck S. 173 | landesstelle_für_die_nichtstaatlichen_museen_in_bayern S. 168o | Landkreis Fürth S. 151, 152 | M_Naepfel S. 45o, 45u | Magnus Gertkemper, CC BY-SA 3.0 S. 22 | Mario_Weidlich S. 254 | Markt Kipfenberg-Claudia Stougard S. 68 | Markt Kipfenberg-Dietmar Denger S. 64 | Markt_Allersberg S. 253 | mat breiten Pixabay S. 43 | Max_GagsteigerS. 214U | Maximilian Goldmann CC BY 2.0 S. 19 | mef_ellingen, CC BY-SA 3.0 S. 241 | Mike Pennington, CC BY-SA 2.0 S. 15o | Multimaps360 S. 219 | Museum HopfenBierGut-Touristinformation der Stadt Spalt S. 16o, 244/245, 272, 273 | naturpark_steigerwald-pawel_malec S. 187u, 188, 287 | Nürnberger_ Land_Tourismus-Bernd Hölzel S. 112/113, 116-119, 128, 129, 130o | Pappenheim-Dietmar_Denger S. 228, 231 | Ra Boe Wikipedia S. 93 | ralf_hanisch S. 41o | Reinhold Möller, CC BY-SA 4.0 S. 17u, 172 | Roland Berger, CC BY-SA 3.0 S. 98 | Romantisches_Franken S. 44, 201 | Römerpark Ruffenhofen S. 66, 67 | Rothenburg-Tourismus-Service S. 48, 49u, 50, 52 | Rothenburg-Tourismus-Service-W_Pfitzinger S. 9, 49o, 51 | SalvatoreGiurdanella S. 249 | Sascha_Banck S. 148o | Schloss Sommersdorf 5, 42 | Schloss_Virnsberg S. 46u | Siegmar-Schmidt CC BY-SA 2.0 S. 265 | Stadt_Heideck S. 268-271 | Stadt_Scheinfeld S. 189 | Stadt_Wolframs-Eschenbach-Jim_Albright S. 70-72 | Stadt-Neustadt-Christian_Motzek S. 183-185 | stadt-uffenheim S. 196, 198, 199 | StadtHerzogenaurach S. 176u | Stadtmarketing_Höchstadt S. 204-206 | Stadtmarktmarketing Höchstadt S. 10 | StadtRoth-DavidHaas S. 250u | StadtRoth-ViolaDeGeare S. 250o | Stefan_Schramm S. 252, 255 | SteffiGraff S. 248 | Susanne_Huschik S. 222 | TheaterErlangen, CC BY-SA 3.0 S. 16u | TI-Fürth-Heidelberger S. 132/133, 136, 141 | TI-Fürth-Julia_Stiller S. 139 | TI-Fürth-Sophie_Rueth S. 140o | Tilman2007, CC BY-SA 3.0 S. 171u, 197 | Tilman2007, CC BY-SA 4.0 S. 34u | Tobias Hohberger-Gemüseerzeugerverband Knoblauchsland S. 120-123 | Tourist Information Feuchtwangen_Andreas Strunz S. 55-57 | Touristik Service Dinkelsbühl-David Haas S. 61 | Touristik Service Dinkelsbühl-Ingrid Wenzel S. 15u | Touristik Service Dinkelsbühl-Thomas Linkel S. 59 | Zeynel_Dönmez S. 26/27, 30, 33, 34o | Xpjscha, CC BY-SA 3.0 S. 94